Г.С. Юдина

МОЁ БОРОДИНО

Санкт-Петербург
«Златоуст»

2012

УДК 811.161.1

Юдина, Г.С.
  Моё Бородино. — СПб. : Златоуст, 2012. — 208 с.

Yudina, G.S.
  My Borodino. — St. Petersburg : Zlatoust, 2012. — 208 p.

ISBN 978-5-86547-677-1

Консультант: доц. к. ист. н. *О.В. Соколов* (СПбГУ)

Гл. редактор: *к. ф. н. А.В. Голубева*
Редактор: *А.В. Голубева*
Корректоры: *М.О. Насонкина, О.С. Капполь*
Оригинал-макет: *Л.О. Пащук*

Подготовка оригинал-макета: издательство «Златоуст».
Подписано в печать 23.10.12. Формат 60х90/16. Печ. л. 13. Печать офсетная.
Тираж 3000 экз. Заказ № 976.
Код продукции: ОК 005-93-953005.

Санитарно-эпидемиологическое заключение на продукцию издательства Государственной СЭС РФ № 78.01.07.953.П.011312.06.10 от 30.06.2010 г.

Издательство «Златоуст»: 197101, Санкт-Петербург, Каменноостровский пр., д. 24, оф. 24. Тел.: (+7-812) 346-06-68; факс: (+7-812) 703-11-79; e-mail: sales@zlat.spb.ru, http://www.zlat.spb.ru

Отпечатано в ООО «ПрофПринт».
194362, Санкт-Петербург, пос. Парголово, ул. Ломоносова, д. 113.

Предлагаем вашему вниманию книгу из серии «Библиотека Златоуста». Серия включает адаптированные тексты для 5 уровней владения русским языком: произведения классиков русской литературы, современных писателей, публицистов, журналистов, а также киносценарии. Уровни ориентируются на лексические минимумы, разработанные для Российской государственной системы тестирования по русскому языку. Каждый выпуск снабжён вопросами, заданиями и словарём, в который вошли слова, выходящие за пределы минимума.

I — 760 слов
II — 1300 слов
III — 1500 слов
IV — 2300 слов
V — 3000 слов и выше

Глава 1
Я НАЧИНАЮ ЖИТЬ В РОССИИ

1

Меня зовут Серж Русинов. Мне 27 лет. Я гражданин Франции, но семья у меня русская. Я родился и вырос в Париже. После окончания школы я поступил на экономический факультет Сорбонны[1]. Там я стал **бакалавром**. Потом я учился в Лондонской школе экономики (ЛШЭ)[2], где получил **диплом магистра** в области европейских исследований. Это был совместный диплом ЛШЭ и Парижского института политических исследований. Учиться было трудно, но интересно.

После учёбы я начал работать в экономическом **отделе** одной крупной французской химической **компании**. Работа мне в целом нравилась. Правда, иногда я думал: «Неужели я буду всю свою жизнь сидеть в **офисе**? Неужели только во время отпуска я смогу чувствовать себя свободным человеком?» Я почти уверен, что меня ждала бы такая жизнь, если бы не мои родители.

Немного о моей семье. Моя мама. Её зовут Варвара. Она не только красивая женщина, но и очень интересный человек. В 1918 году, после революции[3], её прадедушка и прабабушка бежали из России. Путь из Москвы в Париж был долгим. Во Францию они попали только в 1922-ом. Мамина мама (моя бабушка) родилась уже в Париже в 1925 году. Её муж тоже был русским. В нашей семье всегда старались сохранить не только русский язык, но и русскую культуру. И это получилось, потому что бабушка вышла замуж за француза, который интересовался Россией. В 1955-ом родилась моя мама. Мама свободно говорит и читает на пяти языках и занимается переводами.

Мой отец. О, это очень интересная история! Мой отец (его зовут Андрей) родился в 1954 году недалеко от Москвы — в городе Смоленске. После школы он поступил в Ленинградский финансово-экономический институт[4]. В 1976 году он окончил институт и пошёл в армию. Через два года папа вернулся из ар-

*Санкт-Петербургский государственный университет
экономики и финансов*

мии, поступил в аспирантуру своего института и через три года защитил там диссертацию.

В 1985 году отец поехал с группой экономистов во Францию. В Париже он познакомился с моей мамой (она работала с группой как переводчица). Это была любовь с первого взгляда! Через год они поженились. Жить в СССР[5] у них не получилось, поэтому родители решили уехать во Францию. Там через несколько лет я и родился. Вспоминая те годы, они говорят:

— Это время было самым трудным и самым счастливым...

Отец — человек энергичный, **деловой** и весёлый. Благодаря своему характеру и маме, он не только быстро и хорошо начал говорить по-французски, но и организовал свою компанию. Он по-настоящему **успешный** человек.

И вот недавно отец пригласил меня на обед и сказал:

— Сергей Андреевич, я думаю, что для нас пришло время работать с Россией. Россия, как пишут, становится **перспективной** страной. Я понимаю, что будет непросто начинать бизнес в России, но надо попробовать.

— Кто не **рискует**, тот не пьёт **шампанское!**[6] Да? — сказал я по-русски.

— Точно! — рассмеялся он и продолжил: — У меня есть идея. Ты уходишь из компании и едешь в Россию на курсы русского языка. Месяца на три. В Москву или в Петербург. Все расходы по твоей поездке возьмёт на себя наша фирма. Первые три месяца ты будешь изучать русский и учиться жить в новой для тебя стране. Затем начнёшь стажироваться в одной из русских компаний. Это очень важно, поверь мне. И ещё: я дам тебе телефоны тех, с кем я учился и работал. Встретишься, **пообщаешься**, узнаешь, с кем можно вести дела... Ну что, как тебе мой план?

— Слушай, папа, это всё как-то неожиданно... Я не могу так сразу ответить... Когда я должен дать ответ?

— Через недельку будешь готов?

— Буду.

— Ну и отлично! Да, **кстати**, мы с мамой решили поехать этим летом в Норвегию...

Комментарии

[1] Сорбонна (фр. la Sorbonne) — университет в Париже, один из самых старых и известных университетов мира, основан в XIII в.

[2] Лондонская школа экономики, ЛШЭ (англ. the London School of Economics and Political Science, LSE) — специализированный научно-образовательный центр, основан в 1895 г.

[3] Революция — зд.: революция 1917 г. в России.

[4] Ленинградский финансово-экономический институт — сейчас Санкт-Петербургский государственный университет экономики и финансов (ФИНЭК).

[5] СССР (аббр. от Союз Советских Социалистических Республик) — государство, существовавшее с 1922 по 1991 г. в Европе и Азии со столицей в Москве.

[6] Кто не рискует, тот не пьёт шампанское! — Тот, кто готов рисковать, может получить хорошую награду.

Через неделю было решено, что в Россию я поеду после русского Рождества[1], точнее после русского старого Нового года[2]. Сначала в Петербург, а потом в Москву. Уезжал я почти на год и должен был вернуться домой к следующему европейскому Рождеству[3].

Через **Интернет** я нашёл **приличную** языковую школу в Петербурге. Через Интернет снял квартиру и купил билет на самолёт. В один прекрасный день я сел на самолёт, долетел за три часа до Петербурга и начал там новую жизнь.

...Прошли первые два месяца жизни в России.

Сначала я снял квартиру. Каждое утро я ездил на занятия, после занятий немного гулял по городу, а потом шёл домой и серьёзно занимался языком. Я **честно** делал все домашние задания.

В выходные я занимался спортом (взял абонемент в фитнес-клуб). На **фитнесе** я познакомился с парой русских. Иногда встречался с ними, иногда один гулял по городу и обязательно читал российские газеты и книги или смотрел фильмы на русском языке. Правда, найти русские фильмы в кинотеатрах оказалось нелегко, но можно было купить **диск**. Странно, но почему-то большинство фильмов в магазинах были старыми,

ещё советскими, или новыми американскими. **В общем**, я хорошо **планировал** свою жизнь и снова чувствовал себя студентом. Если честно, то в Петербурге я чувствовал себя даже лучше, чем в парижском офисе. Я уже не **жалел**, что согласился приехать сюда. Красивый город, милые люди...

Было одно но. Перед приездом в Россию я был уверен, что я достаточно хорошо говорю по-русски (в семье мы часто говорили на русском). Но каждый раз русские, с которыми я знакомился, через несколько минут после начала разговора почему-то спрашивали: «Ты что, иностранец?» Очень быстро я понял, что самое трудное для меня не чтение и не письмо, труднее всего было понимать то, что говорят русские друг другу. Мои преподаватели говорили почти на том же языке, что и родители и бабушка. Но этот язык не был похож на тот, на котором говорили люди в магазинах, в **маршрутках**, в кафе и в разных других местах... Я стал записывать новые для себя слова и выражения, как меня учили мои преподаватели. Потом искал их в словаре. Но это мало помогало. Я не знал, что делать. Даже когда я понимал все слова, в целом я не понимал ничего или почти ничего.

И тогда Илья (мой **приятель** по фитнесу) сказал:

— Серёга (так меня сразу стали называть мои русские друзья), словари — это **ерунда**. Тебе надо пожить как нормальные русские и пообщаться с обычными людьми. Общайся не только с друзьями или по делу в магазинах, в кафе, на фитнесе, в маршрутке. Говори с людьми просто так. Знаешь, у нас много замечательных и очень интересных людей.

Комментарии

[1] Русское Рождество — в ночь с 6 на 7 января.
[2] Старый Новый год — в ночь с 13 на 14 января.
[3] Европейское Рождество — в ночь с 24 на 25 декабря.

3

Итак, Илья посоветовал мне больше общаться с обычными людьми и стараться лучше понимать их.

— Что я должен делать? — спросил я его.

— Для начала сними комнату в семье, а не отдельную квартиру. В квартире, где ты один, ты не почувствуешь настоящую жизнь!

— Так... А ещё?

— Ещё? Разговаривай с хозяевами, постарайся жить как обычные русские. Мы умеем жить интересно.

— Не понимаю... Я живу интересно... Хожу в клубы, в музеи, театры. Занимаюсь спортом. Чем ваше русское «интересно» **отличается** от моего?

— Ты живёшь головой, а мы сердцем. Меньше думай и планируй, лови случай и получай удовольствие!

— Не понимаю!..

— Ты **придумал** себе план и живёшь по нему. Ты всё время всё контролируешь! Перестань всё планировать! Господин случай даст тебе больше новых возможностей, чем ты сам можешь придумать.

— «Господин случай»?

— Да. Или его ещё называют «Его величество случай». «Его величество» — так всегда говорили о царе, ну или об **императоре**!

— Ну да... Но это не значит, что...

— Это значит, что ты должен говорить случаю «Да!», а не «Нет!».

— Я говорю «Нет!» тогда, когда что-то не входит в мои планы!

— Правильно! И поэтому ты никогда и ничего здесь не поймёшь!

— Так что же делать?

— «Что делать?..»[1] — Илья снова улыбнулся. — Жить! Ловить шанс! Зовут на футбол — иди! Позвонила девушка — пригласи её куда-нибудь! Сказали: «Поехали через час в Москву к Васе на день рождения!» — не говори: «Я не поеду, потому не знаю Васю, потому что Москва далеко, потому что...» Говори: «Давай, поехали!»

— И что?

— Начнёшь понимать что-то очень важное! — улыбнулся Илья.

— Что? — всё не понимал я.

— Нас, каждого из нас, и, главное, себя. Ты же всё-таки не полностью француз! Ты же наш, русский француз!

Через неделю я снял комнату в двухкомнатной квартире у одной пенсионерки. Снять комнату у русской семьи не получилось: молодые русские семьи обычно сами снимали квартиру, семьи постарше почему-то в Петербурге комнаты не сдавали. В чём-то стало удобнее: моя хозяйка Генриетта Вячеславовна готовила по утрам самые разные вкусные завтраки: каши, **блинчики**, **оладьи** — и варила отличный кофе. Но она не была похожа на **типичную** русскую бабушку. Скорее, она чем-то напоминала европейскую женщину. Генриетта Вячеславовна любила ходить в театры, читать книги, смотреть хорошие фильмы, а потом обсуждать всё это по телефону с подружками.

Я честно старался не думать, что со мной будет через год, через месяц, через неделю и даже через день... И неожиданно мир вокруг меня начал двигаться, и я вместе с ним. А ещё в моей жизни начали появляться интересные и удивительные люди. Иногда мне казалось, что я уже что-то начинаю понимать в русской жизни.

Комментарий

[1] «Что делать?..» — (зд.: ирон.) один из двух «вечных русских вопросов»: «Кто виноват?» и «Что делать?» Эти вопросы стали названиями двух известных русских романов второй половины XIX в. (А.И. Герцен «Кто виноват?» и Н.Г. Чернышевского «Что делать?»).

ВОПРОСЫ К ГЛАВЕ 1

1

1. Как зовут главного героя? Сколько ему лет? Где он родился и жил? Какое получил образование? Где он работал?

2. Как семья его матери оказалась в Париже?

3. Где родился его отец? Где он учился? Почему герой считает, что его отец — успешный человек? Что помогло отцу стать успешным человеком?

4. Как познакомились его родители? Почему они решили жить в Париже? Что говорят родители, когда вспоминают свои молодые годы?

5. Как Серж оказался в России, в Петербурге?

2

1. Как Серж организовал свой приезд в Петербург?

Как он жил первые два месяца в России? Как чувствовал себя в Петербурге?

Всё ли правильно делал Серж? Почему?

2. Что герой делал, для того чтобы лучше говорить на русском языке и понимать россиян? Почему он часто не понимал тех, для кого русский язык был родным?

Иностранцев труднее понимать из-за разницы культур или из-за их недостаточно хорошего знания языка? Почему вы так думате?

3. Что посоветовал Илья Сержу?

Правильный ли совет дал Илья? Почему?

3

1. Что должен был сделать Серж, чтобы начать больше общаться с обычными людьми и лучше их понимать?

2. Какую роль в жизни большинства россиян играет «господин случай»?

Что важнее: «господин случай» или план жизни? Почему?

3. Что стал менять Серж в своей жизни? Что стало происходить в его жизни?

Глава 2
ПЕТЕРБУРГ — МОСКВА

4

Прошёл ещё месяц. Мне стало казаться, что я уже лучше понимаю язык, людей, ситуации. А ещё я стал легко менять свои планы. И когда менял их, уже не думал, правильно сделал или нет. Постараюсь объяснить почему. Например, вы пошли в магазин, а пришли на выставку или на концерт. На выставке или на концерте вы встретили вашего знакомого и пригласили его к себе. Пришли домой, а он открыл портфель и достал сыр и хлеб, за которыми вы и пошли в магазин. До утра вы говорили... И то, о чём вы говорили, оказалось очень и очень важным для вас и для него... Потом он ушёл. На столе остались лежать и сыр, и хлеб. А может, не остались. Но не это было главным... Главным было то, что вы получили ответ или ответы на важные для себя вопросы. Или, может, у вас даже родились новые интересные идеи. В общем, с «господином случаем» в мою жизнь стали приходить такие чудеса...

Теперь я понимаю, что если бы я не послушал Илью, то со мной не случилось бы того, что случилось. А случилось вот что.

Как-то вечером мне позвонил Никита Михайлович, с которым отец когда-то учился в одной группе, когда был студентом. Я уже встречался с ним несколько раз. Встречались мы в кафе «Дома книги»[1]. Никита Михайлович интересовался жизнью во Франции, ситуацией на рынке, влиянием кризиса на экономику, спрашивал об отце, маме, их работе, о моих планах. О себе рассказывал мало. Сказал только, что у него строительная фирма, что он много работает, что был два раза женат, есть дети, которые уже давно живут самостоятельно.

Итак, он позвонил и сказал:

— Серж, я через два дня еду на своей машине в Москву. У меня там дела есть. Думаю, всё решу часа за два. А потом хочу съездить в одно интересное место. Это километрах в 120 от столицы. Хочешь поехать со мной? Поехали! Не пожалеешь!

— А когда надо дать ответ?

«Дом книги», Санкт-Петербург

— Вчера! — засмеялся Никита Михайлович.

— Поехали, — сказал я и подумал: «А ведь раньше мне нужно было бы время, чтобы хорошо подумать и подготовиться. Раньше бы я начал задавать разные вопросы о поездке...»

— Вот молодец! Вот это по-нашему! По-русски! Молодец, мой молодой француз! Человеком становишься! Сейчас тебе ничего рассказывать не буду. И ты не спрашивай. Приедешь — увидишь и на месте всё сам узнаешь.

— **Сюрприз** будет?

— О! Ещё какой сюрприз! Не просто сюрприз, а самый большой сюрприз! Тебе понравится! — он засмеялся и добавил: — Я точно знаю! Очень понравится! Сто раз спасибо потом мне скажешь.

Комментарий

¹ «Дом книги» — крупнейший универсальный книжный магазин на главном проспекте (Невском проспекте) в Санкт-Петербурге.

Никита Михайлович приехал за мной рано утром. Было ещё темно.

— Сколько до Москвы километров? — спросил я, сев в тёплую машину.

— 687. Рукой подать¹. Если повезёт, часов за девять доедем. Ну что? В путь?

— В путь! — улыбнулся я и подумал: «Шутит. Приедем к обеду!»

Я даже подумать не мог, что дорога будет и правда такой долгой и что ехать мы будем на новеньком «Экстрейле»² целых десять часов.

Я ехал и думал: «Мои русские друзья говорили, что в России две **беды** — **дураки** и дороги. Ну, дураки-то есть везде. Но такие дороги я встречал у нас только в деревнях. Это дороги через поля. По этим дорогам ездят только на **тракторах**... Ездят редко. А тут дорога между двумя российскими столицами... И движение по ней как в большом городе. Что же будет за Москвой-то?.. И зачем я поехал?.. Французский дурак на русской дороге...»

Чтобы не думать о плохом, я решил узнать, куда всё-таки мы едем.

— А куда мы поедем после Москвы?

— Эх, француз Серёга, говорил же тебе: сюрприз будет! Ну да ладно... Слышал что-нибудь о войне Наполеона с русскими?

— Слышал. Но давно... Когда в школе учился. Наполеон победил русских и взял Москву.

— Не понял. А кто же тогда победил Наполеона?

— Веллингтон[3].

— Веллингтон — это после Ста дней[4]. А почему были Сто дней-то?

— Наполеон был в **ссылке** и бежал из неё.

— А почему он был в ссылке?

— Почему?

— Ну ты даёшь! Потому что наши казаки были в Париже! А перед этим Наполеон действительно был в России, в Москве. Знаешь, после наших казаков какое слово во французском появилось? «Бистро»! Это от русского слова «быстро». Ты что, про Бородино не слышал?

— Что-то слышал... Но очень давно. Думаю, уже и не вспомню что.

— Это деревня, где в 1812 году **сражались** французы и русские. Мы едем на Бородинское поле!

— Зачем? Вы хотите провести для меня экскурсию?

— Ну, и экскурсию тоже можно. Слушай сюда внимательно: там сейчас землю продают! Надо успеть купить **участок**, дружок[5], пока не очень дорого. Сейчас можно

Г.Э. Опиц.
Казаки в Париже в 1814 г.

большой участок купить за смешные деньги. Вот я и подумал, что будет здорово, если у твоей французско-русской семьи будет там свой участок. В этом есть огромный символ, Серёга! Но главное, это очень **выгодное** дело!

— Какой символ?

— Россия и Франция — дружба навек! Красивый символ, Серж? Правда?

Я не знал, что сказать, и спросил:

— А почему выгодное дело?

— Сегодня наши люди покупают землю во Франции. Что скажешь? Молодцы! А вот вы, европейцы, ещё не поняли своего счастья. Не поняли, что надо у нас покупать землю, пока есть возможность! Вы, Русиновы, можете стать первыми французами, которые купят землю на Бородинском поле! О вас все газеты напишут! Вас по телевизору покажут! Весь мир о вас узнает в этом... в Интернете... Вы станете очень известными, и твой отец **заработает** ещё больше денег. Бесплатная **реклама**! Потом, если не захотите иметь там землю, тихо продадите её. У вас её дорого купят. Может, кстати, я у вас её потом и куплю. Земля года через два будет стоить раз в пять или даже в десять дороже. Ну, конечно, по дружбе вы мне её подешевле продадите. Чужим-то продавать опасно. Можно потерять и землю, и деньги... Знаешь какие у нас бизнесмены есть?.. Страшное дело!

Я не знал, что на это ответить. Я абсолютно не был готов к такой ситуации. Ни я, ни родители не собирались покупать землю под Москвой в каком-то Бородине. Да и как туда добираться? Личный самолёт покупать?

— А почему вам самому там не купить землю? — спросил я.

— Я тоже куплю там участок. Вот смотри: вы купите

Продаётся участок в Можайском районе, в деревне Валуево, рядом с Бородинским полем. 108 км от МКАД. (Рядом водохранилище и г. Можайск.) Участок 25 соток для ЛПХ, ПМЖ, расположен в первой линии деревни, 3-й от леса. Соседи построились. Документы готовы к сделке.
Цена 1 325 000 рублей.

Телефон : 8-926-070-71-15

16

участок, а моя компания быстро построит вам хороший дом. Всё будет чики-пуки!

— «Чики-пуки» — это что?

— Это значит «всё отлично»! На деньги за ваш дом я тоже быстро куплю себе землю. И всё будет в шоколаде! Все счастливы!

Я опять не знал, что и сказать... Мне ничего не оставалось, как подумать: «Ладно, пойду за случаем, как советовал Илья. Съезжу, посмотрю. Ведь за это больших денег никто с меня не возьмёт...»

Комментарии

[1] Рукой подать — (идиом.) очень близко; недалеко.

[2] «Экстрейл» (англ. Nissan X-Trail) — марка автомобиля.

[3] Веллингтон (1769–1852, англ. Arthur Wellesley, 1st Duke of Wellington) — руководитель армии Седьмого антинаполеоновского союза (Великобритания, Брауншвейг, Ганновер, Нидерланды, Нассау, Пруссия) при Ватерлоо (1815).

[4] Сто дней — время второго правления императора Наполеона I во Франции (20.03–22.06.1815) после его бегства с острова Эльба.

[5] Дружок — ласковое или фамильярное обращение (к лицу мужского или женского пола).

6

Вот и Москва. Мы доехали до ближайшей станции метро и оставили там машину.

— Сейчас на метро поедем до «Сокольников»[1]. У нас будет встреча в гостинице «Бородино». Это я предложил там встретиться, чтоб символично было. Здорово, Серёжка? А?

Я хотел спросить, где и с кем, но не стал и сказал просто:

— Да уж... Чики-пуки!

Никита Михайлович рассмеялся, а я спросил: «Это в центре?»

— Почти. В деловой части столицы. До Красной площади[2] минут за 20 можно доехать. Встречаемся на первом этаже в **баре**

«Барклай». Кстати, там ещё есть рестораны «Кутузов» и «Денис Давыдов». Слышал о таких людях?

— Не уверен... Не знаю. Фамилия Кутузов знакома.

— Надо знать! Денис Давыдов — герой войны 1812 года, поэт и писатель! Наш великий поэт Пушкин считал его своим учителем! Эх, обязательно, когда буду у вас в Париже, скажу твоему отцу, что он мало тебе рассказывал о России!

Я с удивлением посмотрел на отцовского приятеля: шутит или серьёзно? Похоже, он не шутил.

— Ну, а о Барклае-то знаешь? — спросил Никита Михайлович. — Генерал Барклай-де-Толли. Участвовал в войне с Наполеоном. А ещё с Турцией,

О.А. Кипренский. Портрет Дениса Давыдова

18

Швецией, Польшей. В 1810 году стал военным министром. Ну а в 1812-ом, когда к нам пришёл Наполеон, его убрали и поставили на его место Кутузова.

— Почему?

— Дал пройти вашему французскому императору в Россию. И вообще иностранец. Армия в него не верила... Помнишь кафе в «Доме книги»? Мы с тобой ещё там встречались. Из окон виден Казанский собор, а перед ним два памятника. Помнишь? Так вот, слева — Кутузов, справа — Барклай. Памятники там появились через 25 лет после победы над Наполеоном. А знаешь, чем памятники отличаются друг от друга?

— Нет.

— Не знаешь, так я тебе скажу: оба генерала стоят во весь **рост**, на обоих плащи, но... Барклай чего-то ждёт, а Кутузов даёт команду: «Вперёд!» Вот и я, как Кутузов, **командую**: «Вперёд!»

— Куда вперёд?

— Поговорим с Захаром. Захар — мой **агент** в той фирме, что продаёт землю. Поговорим — и в Бородино!

— Поздно же! Давайте **переночуем** в какой-нибудь гостинице, а завтра утром поедем. И потом, вы говорили, что у вас какое-то дело часа на два.

— Захар — вот наше дело! Других дел нет и быть не может!

Я с удивлением посмотрел на своего спутника.

Казанский собор, Санкт-Петербург

— Так что, дружок, поговорим с ним, и можно ехать. Тем более что нас там уже ждут. Всё организовано! Всё чики-пуки! А завтра утром позавтракаем и пойдём смотреть землю. Всё под контролем! Не волнуйся!

От папиного приятеля можно было **сойти с ума**... Не ожидал, что у нас с ним будут деловые отношения.

Комментарии

[1] «Сокольники» — название московской станции метро.
[2] Красная площадь — главная площадь Москвы.

7

В баре нас ждал молодой мужчина. Такой классический офисный работник. Я сам недавно был таким. Он был не один, а с девушкой. Девушка была похожа на модель — тонкая, длинные ноги, на лице — яркий **макияж**. Конечно, до вечера оставалось не так много времени, но всё же... Впрочем, за два месяца я уже привык к тому, что на милых лицах русских девушек уже с утра можно увидеть вечерний макияж.

Мужчина сказал, что его зовут Захар и он — представитель фирмы «ПМП девелопмент», которая входит в **холдинг** «Рос-Земля». Затем он протянул **визитку** с золотыми буквами, и мы **пожали** друг другу **руки**. Ещё он сообщил, что девушку зовут Люся и она его секретарь. Улыбнулся и добавил, что её можно называть по-французски — Люси́. После этого он сказал:

— Наша фирма предлагает участки земли в районе Бородинского поля.

— Расскажи, что ты мне говорил по телефону, — важно сказал мой неожиданный деловой партнёр.

— Мы уже продали около 20 участков. На некоторых уже дома стоят. Есть и такие, которые строятся или скоро начнут строиться. Место очень красивое. Много деревьев. Воздух очень чистый и полезный. Машин нет. Очень спокойно. От Москвы недалеко. Можно приезжать на выходные. Может, площадка для личных лёгких самолётов будет. Тогда вообще пять минут от Москвы. Кстати, есть речка. Летом в ней можно купаться. Лучше всяких Турций и Египтов![1]

— Газ? Свет? Вода? **Канализация**? Ты давай всё рассказывай!

— Я говорил уже вам, Никита Михайлович, всё это не проблема. Были бы деньги, — ответил Захар.

— Я-то знаю. А ты французу нашему скажи. Расскажи, что за земли.

— Во времена СССР бо́льшая часть земли была у **колхоза**. В этом месте сейчас 27 деревень, 2 железнодорожные станции и военная часть.

— Слушай, почему я тебе должен подсказывать, что говорить нашему интуристу? Рассказывай давай, почему эти земли продаются! Законно ли это? Давай-давай! А то **клиентов** серьёзных потеряешь.

— Всё законно. Когда колхоза не стало, то 658 **гектаров** продали бывшим колхозникам под фермы. За копейки продали. Но с фермами что-то не пошло. Вот администрация района и решила продать эти участки под ИЖС. Это значит «под **индивидуальное** жилищное строительство». Под индивидуальные дома, проще говоря.

— И это законно? — спросил я.

— Конечно! Иначе бы «РосЗемля» и «ПМП девелопмент» никогда бы не стали этим заниматься! Мы же люди серьёзные! На рынке уже 10 лет! В России есть закон о том, что руководитель района может разрешить строительство на своей территории. Правда, есть один момент. Надо обязательно провести собрание с народом. Народ должен сказать, что он не против, чтобы землю продавать под строительство **коттеджей**.

— А если люди будут против? — задал я вопрос.

— Если против, то продавать не будут. Но такого быть не может. Народ у нас в России знает, что всегда будет так, как решит **начальник**. А начальник решит так, как надо нам. Других вариантов нет. Я же говорю, мы — фирма серьёзная! Так что народу лучше сразу согласиться, чтобы у него не было серьёзных проблем там, где он живёт и работает.

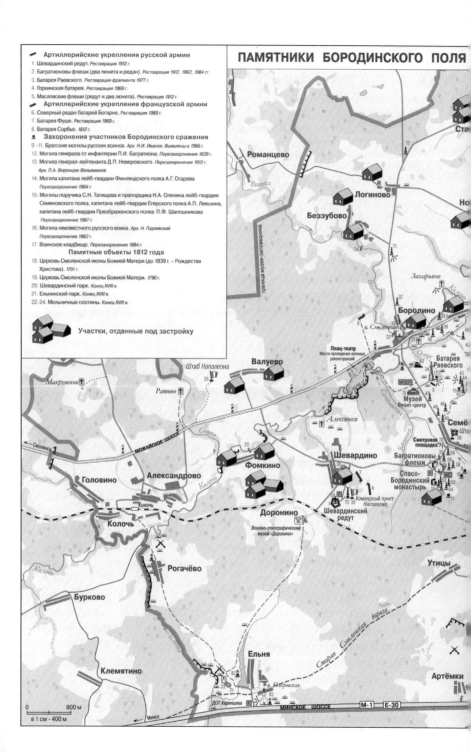

ПАМЯТНИКИ БОРОДИНСКОГО ПОЛЯ

Артиллерийские укрепления русской армии
1. Шевардинский редут. *Реставрация 1912 г.*
2. Багратионовы флеши (два люнета и редан). *Реставрация 1912, 1962, 1984 гг.*
3. Батарея Раевского. *Реставрация фрагмента 1977 г.*
4. Горкинская батарея. *Реставрация 1969 г.*
5. Масловские флеши (редут и два люнета). *Реставрация 1912 г.*

Артиллерийские укрепления французской армии
6. Северный редан батарей Богарне. *Реставрация 1989 г.*
7. Батарея Фуше. *Реставрация 1969 г.*
8. Батарея Сорбье. *1812 г.*

Захоронения участников Бородинского сражения
9 - 11. Братские могилы русских воинов. Арх. Н.И. Иванов. *Выявлены в 1966 г.*
12. Могила генерала от инфантерии П.И. Багратиона. *Перезахоронение 1839 г.*
13. Могила генерал-лейтенанта Д.П. Неверовского. *Перезахоронение 1912 г. Арх. П.А. Воронцов-Вельяминов*
14. Могила капитана лейб-гвардии Финляндского полка А.Г. Огарева *Перезахоронение 1964 г.*
15. Могилы поручика С.Н. Татищева и прапорщика Н.А. Оленина лейб-гвардии Семеновского полка, капитана лейб-гвардии Егерского полка А.П. Левшина, капитана лейб-гвардии Преображенского полка П.Ф. Шапошникова *Перезахоронение 1967 г.*
16. Могила неизвестного русского воина. Арх. Н. Подлевский *Перезахоронение 1962 г.*
17. Воинское кладбище. *Перезахоронение 1984 г.*

Памятные объекты 1812 года
18. Церковь Смоленской иконы Божией Матери (до 1839 г. – Рождества Христова). *1701 г.*
19. Церковь Смоленской иконы Божией Матери. *1790 г.*
20. Шевардинский парк. *Конец XVIII в.*
21. Ельнинский парк. *Конец XVIII в.*
22-24. Мельничные плотины. *Конец XVIII в.*

Участки, отданные под застройку

Романцево
Логиново
Беззубово
Захарьино
Бородино
Плац-театр
Место проведения военных реконструкций
Батарея Раевского
Музей
Визит-центр
Валуево
Штаб Наполеона
Макрушино
Ряново
Алексинки
Семё
Смотровая площадка
Фомкино
Шевардино
Багратионовы флеши
Спасо-Бородинский монастырь
Александрово
Головино
Колочь
Командный пункт Наполеона
Доронино
Шевардинский редут
Военно-этнографический музей «Доронино»
Колочь
Рогачёво
Утицы
Бурково
Ельня
Клемятино
Старая Смоленская дорога
Артёмки
ДОТ Харинцева
МИНСКОЕ ШОССЕ
М-1
Е-30
Смоленск
Минск
можайское шоссе

0   800 м
в 1 см – 400 м

Памятные места 1812 года

25. Штаб М.И. Кутузова. Место усадьбы Татариново
26. Место командного пункта М.И. Кутузова
27. Штаб М.Б. Барклая де Толли. Место сельца Михайловское
28. Штаб П.И. Багратиона. Место д. Семёновское в 1812 г.
29. Место штаба Наполеона
30. Место командного пункта Наполеона
31. Воздвиженский погост
32. Место церкви Успения в д. Криушино. *Разрушена в 1950-е гг.*
33. Место церкви Знамения в д. Ельня. *Разрушена в 1950-е гг.*

⚔ Памятники участникам Бородинского сражения

34. Главный монумент российским воинам – героям Бородина
Арх. А. Адамини. 1839 г. Разрушен в 1932 г., восстановлен в 1987 г.
35. Монумент «Благодарная Россия – своим защитникам»
Арх. С.К. Родионов. 1912 г. Разрушен в 1920-е гг., восстановлен в 1995 г.
36. Главнокомандующему русскими армиями М.И. Кутузову
Арх. П.А. Воронцов-Вельяминов. 1912 г.
37. Нежинскому драгунскому полку. *Арх. Л.Д. Кишкин. 1912 г.*
Разрушен в 1920-е гг., восстановлен в 1962 г.
38. Лейб-гвардии Казачьему полку. *Арх. С.К. Родионов. 1912 г.*
Разрушен в 1920-е гг., восстановлен в 1984 г.
39. 1-му и 19-му Егерским полкам. *Арх. Б.А. Альберти. 1912 г.*
40. Лейб-гвардии Егерскому полку и матросам Гвардейского экипажа
Архитекторы: Ф.Н. Еранцев, Н.А. Пермяков. 1912 г.
41. 7-й пехотной дивизии генерала П.М. Капцевича.
Арх. А.В. Дроздовский. 1912 г.
42. 2-й конной батарее лейб-гвардии Артиллерийской бригады капитана
А.Ф. Ралля. *1912 г.*
43. Кавалергардскому и лейб-гвардии Конному полкам
Арх. А.П. Верещагин. 1912 г.
44. Астраханскому кирасирскому полку. *1912 г.*
45. 23-й пехотной дивизии генерала А.П. Бахметьева. *1912 г.*
46. 12-й пехотной дивизии генерала И.В. Васильчикова. *1912 г.*
47. 24-й пехотной дивизии генерала П.Г. Лихачёва. *1912 г.*
48. Полевой конной артиллерии. *Арх. А.П. Верещагин. 1912 г.*
49. Волынскому пехотному полку. *Арх. А.П. Верещагин. 1912 г.*
50. 12-й батарейной роте. *Арх. Л.Р. Сологуб. 1912 г.*
51. Пионерам (инженерным войскам). *1912 г.*
52. 27-й пехотной дивизии генерала Д.П. Неверовского. *1912 г.*
53. 4-й пехотной дивизии генерала Е. Вюртембергского
Арх. А.П. Верещагин. 1912 г.
54. 1-й конной батарее лейб-гвардии Артиллерийской бригады капитана
Р.И. Захарова. *1912 г.*
55. 3-му кавалерийскому корпусу, бригаде генерала И.С. Дорохова
Арх. А.О. Рахманинов. 1912 г.
56. 2-й гренадерской генерала К. Мекленбург-Шверинского и 2-й
сводно-гренадерской генерала М.С. Воронцова дивизиям. *1912 г.*
57. 3-й пехотной дивизии генерала П.П. Коновницына.
Арх. А.П. Годунов. 1912 г.
58. Муромскому пехотному полку. *Арх. А.П. Верещагин. 1912 г.*
59. 4-му кавалерийскому корпусу генерала К.К. Сиверса.
Арх. А.П. Верещагин. 1912 г.
60. 2-й кирасирской дивизии генерала И.М. Дуки. *1912 г.*
61. Батарейной №2 и легкой №2 ротам лейб-гвардии Артиллерийской
бригады. *1912 г.*
62. Батарейной №1 и легкой №1 ротам лейб-гвардии Артиллерийской
бригады. *1912 г.*
63. Лейб-гвардии Измайловскому полку. *1912 г.*
64. Лейб-гвардии Литовскому полку от Литовского полка
Арх. Ф.С. Былевский. 1912 г.
65. Лейб-гвардии Литовскому полку от Московского полка. *1912 г.*
66. Лейб-гвардии Финляндскому полку. *Арх. Ф.С. Былевский. 1912 г.*
67. Павловскому гренадерскому полку. *Арх. А.П. Верещагин. 1911 г.*
68. 1-й пехотной дивизии генерала П.А. Строганова.
Арх. Матвеев. 1912 г.
69. 17-й пехотной дивизии генерала З.Д. Олсуфьева. *1912 г.*
70. Московскому и Смоленскому ополчениям. *Арх. Н.И. Иванов. 1972 г.*
71. Памятный знак 1-му кавалерийскому корпусу генерала Ф.П. Уварова
Арх. Н.И. Иванов. 1985 г.
72. Отдельному казачьему корпусу войска Донского атамана М.И. Платова
Арх. Н.И. Иванов. 1985 г.
73. Памятник «Мёртвым Великой армии». *Арх. П.Л. Бесвильвальд. 1913 г.*
74. Ансамбль Спасо-Бородинского монастыря. *1820 – 1880-е гг.*
Экспозиции:
- Военная галерея Бородинского поля;
- Военная художественная игрушка;
- Дом-музей игумении Марии;
- Бородино в годы Великой Отечественной войны;
- Герои романа «Война и мир» на Бородинском поле.
75. Здание Бородинского музея. Экспозиция «Бородино – битва гигантов».
Арх. В.В. Воейков. 1912 г. Реконструкция 1962 г.
76. Здание вокзала. *Арх. Б.С. Мезенцев. 1953 г.* Выставка «Бородинское поле.
Его прошлое и настоящее».
77. Парк императорского дворцово-паркового ансамбля. *1839 г.*
78. Памятный знак художнику Ф. А. Рубо – создателю панорамы
«Бородинская битва». Смотровая площадка. *Арх. В.Я. Сиднин. 1991 г.*
79. Памятный знак – граница Бородинского музея-заповедника
Арх. В.Я. Сиднин. 1992 г.

Памятники Великой Отечественной войны

80. Памятник-танк воинам 5-й армии, сражавшимся на Бородинском
поле в октябре 1941 г. и январе 1942 г.
Архитекторы: М.В. Андрианова, Е.Б. Лебеденко
Авторы барельефа: Ф.Ф. Волошко, В.П. Жучков. 1971 г.
81. Храм-памятник Покрова Пресвятой Богородицы. *2004 г.*
82. Памятник павшим воинам-якутянам. *2001 г.*
83. Мемориальное кладбище воинов 5-й армии
Перезахоронения 2005–2008 гг.
⚔ Братские могилы воинов Красной Армии, павших в октябре 1941 г.
Захоронения 1942–1946 гг.
✕ Места оборонительных боёв 5-й армии с 12 по 17 октября 1941 г.
Противотанковые рвы Можайской линии обороны 1941 г.
Долговременные огневые точки (ДОТы)
***
Верстовые столбы
Места деревень и усадеб, существовавших в 1812 г.
Места разрушенных церквей
Дороги с покрытием
Дороги грунтовые, тропы, полевые маршруты
Точки обзора и смотровые площадки

Блазново
Масловские флеши
с.т. «Венки»
Криушино
Новая Деревня
Татариново
Штаб М.Б. Барклая де Толли
Штаб М.И. Кутузова
Псарёво
п. Бородинское Поле
с.т. «Полиграфист»
с.т. Бородино
Бородино
Можайск, Москва
Старая Смоленская дорога
Москва
зея-заповедника

— А такое собрание было?

— А как же! Конечно! — Захар открыл свой портфель, взял какие-то бумаги, положил их перед нами и сказал: — Вот все документы.

— Серж, смотри документы. Я их уже смотрел. Всё чики-пуки!

Комментарий

[1] Турции и Египты — (мн.; зд.: ирон.) о местах недорогого и популярного у россиян отдыха за границей.

8

Я взял документы. Их было много. Нужен был хороший юрист и немало времени, чтобы их изучить и проверить.

Люся ничего не говорила. Она сидела, смотрела на того, кто говорил, и улыбалась. Мне показалось, что ей совершенно неинтересен наш разговор. Я подумал, что Захар привёл её для того, чтобы она нам понравилась. Но зачем? Ведь после встречи мы сразу уезжали из Москвы.

— Сколько сегодня стоит одна сотка?[1] — Никита Михайлович внимательно посмотрел на агента.

— Цены растут. Сегодня ещё от 5 до 7 тысяч евро. Но через год, я уверен, сотка будет стоить дороже.

— Вот видишь, — Никита Михайлович победно посмотрел на меня. — Я тебе говорил. Надо брать. Надо скорее брать! Спать нельзя!

«**Господи**, — подумал я, — он совершенно не умеет вести деловой разговор. Он предлагает купить землю так же быстро, как какой-нибудь дешёвый сувенир. Что же делать? Ладно, спрошу этого Захара ещё о чём-нибудь».

— А строительство идёт на самом Бородинском поле?

Захар достал карту и положил передо мной.

— В некоторых его местах. Вот, например, деревня Фомкино. Здесь под строительство отдают 30 гектаров. Кстати, в Фомкине когда-то стояли **войска** Наполеона. Вот здесь, — он показал на другое место, — Старое Село. Здесь 13 гектаров. А вот Горки. Здесь тоже начинаем продавать. Количество гектаров пока точно не знаю. Договариваемся с администрацией.

— Договоритесь? — спросил Никита Михайлович.

— Конечно! А вот деревня Венки. Видите? Здесь 15 гектаров.

— А что было на этом месте в 1812 году? — поинтересовался я.

— Кажется, казаки стояли. Вот Ковалёво. Тут тоже скоро строить начнём. А вот деревня Семёновское. Тут один **крутой мужик** не только дом строит, но и маленькое озеро для себя делает! Место эксклюзивное! Тут французы и русские сражались!

— Вы так хорошо знаете историю? — спросил я.

— Я отлично знаю свой товар, — ответил агент. — Кстати, здесь шли серьёзные **сражения** и во время Великой Отечественной войны². В Семёновском даже памятник есть. Можно сказать, что тут наши деды за Москву умирали! **Представляете**, какое историческое место продаём! Цены реальные. Покупайте. Не купите — потом жалеть будете! И ещё. Люси может поехать с вами. Всё покажет... Подарок фирмы!

Люся услышала своё имя и начала улыбаться ещё шире. Никита Михайлович посмотрел на меня вопросительно. Я снова открыл документы и сделал вид, что внимательно смотрю их. **Слава** богу, мой спутник ответил: «Спасибо, мы туда дорогу как-нибудь сами найдём».

Памятник советским солдатам
в деревне Семёновское

Комментарии

[1] Сотка — единица площади земли, равная 1/100 части гектара.

[2] Великая Отечественная война — война СССР против фашистской Германии и её союзников (1941–1945 гг., решающая часть Второй мировой войны).

ВОПРОСЫ К ГЛАВЕ 2

4

1. Что стало происходить, когда, например, Серж шёл в магазин, а приходил на выставку? Как он относился к такому развитию событий?

2. Кто такой Никита Михайлович? О чём он спрашивал Сержа, когда встречался с ним?

3. Что предложил Никита Михайлович Сержу? Почему Серж сразу согласился с его предложением?

5

1. Почему Серж назвал себя «французским дураком на русской дороге»?

2. Куда и зачем Никита Михайлович повёз Сержа? В чём он видел интерес семьи Русиновых и свой?

3. Что помнил Серж из истории Франции начала XIX века? Как во французском языке появилось слово «бистро»?

4. Чем известна деревня Бородино?

5. Как Серж отнёсся к предложению Никиты Михайловича купить землю там, где произошло Бородинское сражение? Почему?

6

1. Почему Никита Михайлович договорился встретиться с представителями фирмы в гостинице «Бородино»?

Что вы узнали о Денисе Давыдове? Барклае-де-Толли? Кутузове?

Следует ли называть гостиницы, рестораны, кафе и т. д. в честь великих сражений и их героев? Почему?

2. Кто, по мнению Никиты Михайловича, был виноват в том, что Серж мало знает об истории и культуре России?

Должны ли дети эмигрантов знать историю и культуру своей исторической родины? Почему?

3. Почему Серж подумал, что от папиного приятеля можно сойти с ума? Вы согласны с этим? Аргументируйте ответ.

7

1. Кто такие Захар и Люся?

Выразите своё отношение к тому, как Захар общался с клиентами.

Люси — типичная российская девушка? Почему?

2. Почему Никита Михайлович обращался к Захару на ты и говорил, что тот должен рассказывать Сержу? Дайте оценку его поведению.

3. Законна ли продажа земли там, где произошла Бородинская битва? Почему?

4. Почему народ не был против продажи колхозной земли?

8

1. Почему Серж решил, что Никита Михайлович не умеет вести деловые переговоры? Серж прав? Почему?

2. Какой «товар» отлично знал Захар?

Может ли история быть «товаром»? Аргументируйте ответ.

Можно ли строить там, где проходили военные сражения? Почему?

3. Зачем Захар взял на переговоры секретаря Люсю?

Почему Никита Сергеевич отказался от предложения взять с собой Люсю в Бородино?

Глава 3
НАПОЛЕОН

9

Мы ехали в Бородино. Никита Михайлович молчал. Наверное, он думал, что я уже считаю деньги, которые моя семья может заплатить за землю. Русские говорят: «Деньги любят счёт». Поэтому, когда кто-то считает деньги, надо молчать и ждать...

Я не считал. Я вспоминал то, что знал о Наполеоне Бонапарте. Мой школьный учитель истории господин Гийомар был увлечён Наполеоном и, казалось, знал о нём всё. Его увлечение первым императором Франции на какое-то время стало и нашим увлечением. Он часами мог рассказывать нам, мальчишкам, о Наполеоне. А мы часами могли его слушать.

— О чём думаешь? — спросил мой спутник (он не мог уже больше молчать).

— Правду сказать?

— Конечно! Хотя... подожди, не говори. Сам **угадаю**. О том, сколько земли может купить твой папка — мой лучший друг господин Русинов? Нет? Странно... А я думал, что **капиталисты** только о денежках и думают. Вы же капиталисты? Да? Ха-ха-ха! Ну, тогда о том, где будем ужинать и спать. Нет? Ну, тогда о том, какой ты молодец, что со мной поехал? Опять нет? А-а-а... Я знаю! А я знаю! О том, что надо было Люси взять? Да?

— Нет, нет и нет. К сожалению, вы не угадали. Может, это странно, но я думал о Наполеоне.

— О Наполеоне? Ну, дружок, ты меня удивил. И чего ты о нём думал?

— В школе, где я учился, у нас был один учитель. Очень Наполеоном увлекался. Много о нём нам рассказывал. Мне нравились его уроки. Помню, я тогда даты учил, события, связанные с французским императором. Вот и вспоминаю, что помню.

— Ха-ха! Тогда я устрою тебе маленький экзамен. Отвечай как в армии! Итак... Где и когда родился первый французский император?

— На Корсике в 1769 году.

— Но Корсика — это Италия... — Никита Михалыч **хитро** посмотрел на меня.

— Корсика была итальянским островом. За три месяца до рождения Наполеона остров стал территорией Франции.

А.Ж. Гро.
Наполеон Бонапарт
на Аркольском мосту

— Ты, конечно, помнишь, что Наполеон умер на острове Святой Елены? Помнишь? Молодец! Да-а-а... Родился на острове и умер на острове... Символично!

«Ну и какой в этом может быть символ? Ох уж эти русские со своими символами...» — подумал я, а Никита Михайлович тем временем продолжал:

— Бородино было в 1812-ом, а смерть за Наполеоном пришла в 1821-ом — 12 наоборот. Нам так советовала запомнить наша учительница истории Мария Ивановна. Хорошая была женщина... А в какой семье родился Наполеон: в богатой или бедной?

— В бедной. В семье было 8 детей. Наполеону повезло, потому что в 10 лет он приехал в Париж учиться в военной школе.

— Ну... значит, семья была не бедной.

— Бедной. Он учился на деньги государства. Кстати, учился легко. Математику любил. Ещё любил историю и географию. Читал много.

— Что читал? — спросил Никита Михайлович.

Ж.Л. Давид.
Бонапарт при переходе через Сен-Бернар

— **Древнюю** и современную литературу. А вот с иностранными языками у него были большие проблемы. В 1785-ом (ему тогда было 16 лет) Наполеон стал младшим **лейтенантом артиллерии** и пошёл в армию.

— А ты слышал, что в 1788-ом он хотел пойти служить в русскую армию? — Никита Михайлович опять хитро посмотрел на меня.

— Нет... Мне кажется, что он никогда не был русским офицером...

— Правильно, не был. Наполеона могли взять в нашу армию при условии, что он получит более низкий чин. Он не согласился, да ещё крикнул нашему генералу: «Мне **король** Пруссии даст более высокий чин!» Слушай, а ты не знаешь, где был Наполеон, когда началась Французская революция?

— В 1789-ом? На Корсике. У него тогда был отпуск. Наполеон решил остаться на Корсике, чтобы участвовать в политической борьбе. Он там был года два, а потом вернулся во Францию.

10

Я не мог понять, почему папин приятель так интересуется Наполеоном, поэтому спросил:

— Никита Михайлович, а почему вы спрашиваете меня о Наполеоне?

— Очень просто. Во-первых, Серёга, мы едем с тобой туда, где был Наполеон со своей армией. Давай-ка вместе вспомним, что мы про это знаем. Тогда завтра уже другими глазами будем на всё смотреть. Землю-то какую берём! Ух, сильную землю берём! На ней такие исторические события были! Это же... это как квартира в центре твоего Парижа или моего Петербурга. Когда будем покупать землю, то будем чувствовать, что берём настоящий **эксклюзив**!

Я посмотрел на Никиту Михайловича: шутит или опять серьёзно? Он не шутил. А ещё я подумал: «Он, как и многие мои русские друзья, всё решает за меня. Я ещё ничего не сказал, а они уже всё за меня решили. Здесь удивительно много людей, которые лучше меня знают, как мне жить, что мне делать, как вести бизнес».

— Во-вторых, — продолжал он, — приедем на место, будем с народом общаться. Люди поймут, что мы с тобой не дураки, потому что знаем историю места, где они живут. Уважать будут. Может, даже цену снизят. Мы ведь землю у них будем покупать, а не у фирмы.

— Как не у фирмы? А зачем мы тогда с Захаром встречались?

— Затем, чтобы ты быстро понял, что я — серьёзный бизнесмен, который предлагает очень выгодное дело. Слушай дальше. В-третьих. Поеду, например, с друзьями на **рыбалку**. Расскажу им, что сам знаю о войне с Наполеоном, что видел, а что наш русский француз рассказывал. Буду главным героем рыбалки! Ну и вообще: едем, хорошо и **культурно** разговариваем. Разве плохо? Ты, кстати, тоже своим приятелям в языковой школе расскажи, где ты был. Как думаешь, им это интересно будет?

— Не знаю... Может быть, кому-то... — ответил я, находясь уже в лёгком **шоке**.

— А вот русскому человеку всё интересно! Всё! Ты, это... Ты им так расскажи, чтоб им интересно стало! Понял? Расскажешь? Обещай!

— Постараюсь, — сказал я.

— Не «постараюсь», а обещай! Обещаешь? Скажи: «обещаю»!

— Обещаю... — сказал я, потому что другого ответа он слышать не хотел.

— И ещё... Если ты правильно расскажешь, то кто-нибудь из твоих знакомых иностранцев (это я точно знаю!) обязательно тоже захочет купить землю. Ты такого сразу ко мне! Понял? А я тебе хороший процент дам. Какой — поговорим потом.

Я с удивлением посмотрел на Никиту Михайловича. Кажется, русские в этом случае говорят: «Делить шкуру неубитого медведя».

balalah.ru

— Так... На чём мы там с тобой остановились? Ах да! Наполеон приехал с Корсики во Францию. Приехал и что стал делать?

— Участвовать в революции[1]. В августе 1792-ого в Париже народ взял королевский дворец Тюильри. В этот дворец король Франции Людовик XVI с женой убежали из другого своего дворца, из Версаля. Наполеон видел, как народ брал дворец. Он был среди этих людей, но он даже подумать не мог, что вскоре станет хозяином этого дворца. Через семь лет он взял власть во Франции и въехал в Тюильри.

— А я что-то не слышал о таком дворце и не видел его фотографий. Где он находится-то?

— Находился. Этого дворца больше нет. Когда-то он был частью Лувра[2]. Главным королевским дворцом в Париже. Во время революции его разобрали на части.

— Жаль... А когда Наполеон начал воевать?

— Первое сражение, в котором он участвовал, было в Сардинии[3]. В 1793-ем. Затем он освобождал от англичан Тулон[4]. Кстати, после Тулона он стал генералом, а ведь ему было всего 24 года! А через год его **арестовали**.

— За что? — с интересом спросил Никита Михайлович.

— За то, что он общался с известным революционером Робеспьером[5]. В тюрьме сидел две недели. **Вышел в отставку.** Вернулся в армию через год. Потом в Париже начались беспорядки. Наполеон остановил их.

Ж.М.б.О. де Бревиль.
Наполеон, оплакивающий
разрушение дворца Тюильри

Жозефина

В 1796-ом женился на Жозефине. На третий день после свадьбы уехал на войну.

— Куда?

— В Италию. Там его ждали большие победы. После этих побед он стал самым популярным генералом Франции! Его узнала и Европа. Он считал, что Жозефина приносит ему **удачу**.

Я легко отвечал на вопросы Никиты Михайловича. Отвечал, а в голове неизвестно откуда появлялась и появлялась информация о Наполеоне, полученная когда-то от моего школьного учителя. Информация шла и шла, а я думал: «Где это она так крепко сидела у меня в голове? Как это я всё помню? Удивительно...»

— А сколько лет он воевал после того, как женился на Жозефине?

— Двадцать. До 1815 года.

— А сколько лет был на ней женат?

— Десять. Это были лучшие его годы. Было много побед. Европа стала Европой Наполеона. Но в конце 1809-ого с Жозефиной он **развёлся**.

— Почему развёлся?

— У Жозефины и Наполеона не было детей. Наполеон решил женится ещё раз, потому что мечтал о ребёнке. Сначала он хотел жениться на сестре русского императора Александра I[6], но потом передумал. Александр I очень обиделся. А когда Наполеон женился на дочери австрийского императора, эта обида стала ещё сильнее.

— Ох уж эти женщины... — **вздохнул** Никита Михайлович.

Комментарии

¹ Революция — зд.: Великая французская революция (1789–1794).

² Лувр (фр. Louvre) — дворец французских королей; сейчас один из самых богатых музеев мира.

³ Сардиния — остров в Средиземном море.

⁴ Тулон — город на юге Франции.

⁵ Робеспьер (1758–1794, фр. Maximilien François Marie Isidore de Robespierre) — один из организаторов Великой Французской революции.

⁶ Александр I (1777–1825) — российский император (1801–1825).

12

Немного помолчав, Никита Михайлович задал новый вопрос:

— А это правда, что Наполеон был невысокого роста?

— Трудно сказать. Кто-то пишет — 151 сантиметр, кто-то — 169.

— Если 169, то нормально! А я слышал, что Наполеон был чуть выше 160! Говорят же, что у невысоких мужчин часто бывает **комплекс** Наполеона. Они всем хотят доказать, что они самые главные и сильные.

— Знаете, какой тогда был средний рост у француза? 160 сантиметров! А средний рост солдат армии Наполеона — 165! Половину мужчин, которые мог-

Встреча Наполеона I, Александра I и Фридриха Вильгельма III на Немане

*Миниатюра на тему
Тильзитского мира (1807 г.).
Наполеон и Александр I*

ли и хотели быть солдатами Наполеона, в армию не брали.

— Почему? — не понял Никита Михайлович.

— У них рост был меньше 154 сантиметров. Вот вам и комплекс Наполеона... Кстати, рядом с Наполеоном всегда были высокие мужчины. У Мюрата[1], например, рост был 198 сантиметров, а у **гвардейцев** — 180 и выше. И ничего... Комплексов у него из-за этого не было.

— Откуда ты всё это знаешь? — удивился Никита Михайлович.

— Сам удивляюсь откуда... Учитель истории рассказывал. Наверное, я запомнил это потому, что в детстве я сам был невысокий. Это я потом вырос до 190.

— А он не говорил, какой средний рост был у солдат русской армии?

— Говорил. Те же 160 сантиметров. Так что комплекс Наполеона, я думаю, придумали враги императора Франции. А вот роста Кутузова я не знаю.

— И я не знаю. А рост Александра I знаю. 178 сантиметров! — подумав, Никита Михайлович продолжил: — Ну, у мужика[2] рост не главное... У меня рост 171, поэтому я хорошо знаю, что у мужика главное! Активность! Понял? Главное — активность!

— А ум? — улыбнулся я.

— А зачем ум без активности? Вот мы с тобой... Активные и умные. Активные, потому что едем сейчас в Бородино. А умные, потому что разговариваем на умные темы и собираемся выгодно купить землю. Слушай, а чего Наполеон к нам-то пошёл? Ему что, Европы было мало? Ваш же император и наш царь в 1807-ом встречались как друзья. Наш Александр и красивый был, и умный. Знаешь, что сказал ваш Наполеон после встречи с Александром? Нет? Он сказал: «Если бы он был женщиной, я бы **влюбился**». И какая же чёрная кошка пробежала[3] между ними? Не знаешь?

— Вы же сами говорили: «Ох уж эти женщины!»

— Неужели всё так просто? Ладно, спросим потом у кого-нибудь.

Комментарии

[1] Мюрат — Иоахим Мюрат (1767–1815, фр. Joachim Murat) — один из самых известных маршалов Наполеона.

[2] Мужик — (разг.) мужчина.

[3] Чёрная кошка пробежала — зд.: (разг.; между кем) — о плохих отношениях между кем-либо.

13

— Слушай, а Наполеону сколько лет было, когда он стал императором? — Никита Михайлович задал свой новый вопрос.

— Тридцать пять. Он стал императором в 1804-ом. До этого, с 9 ноября 1799-ого, он был Главным консулом Франции. Это важная дата в истории Франции. Этот день — последний день Французской революции. Потому что 9 ноября случился **переворот**, и Наполеон стал **главой** государства.

— И откуда ты всё это знаешь? — удивился Никита Михайлович.

Ж.О. Энгр.
Наполеон на троне
Франции

Айлурофобия

— Ну, во-первых, как я говорил, у нас был замечательный учитель истории. И во-вторых, я много ездил по Европе. С родителями, со школой и потом, когда стал студентом. В Европе много мест, где помнят Наполеона.

— Повезло. Ну, сынок, тебе очень повезло!.. Слушай, кажется, Наполеон ничего в этой жизни не боялся. Или боялся?

— Говорят, у него была айлурофобия, — улыбнулся я.

— Это ещё что такое? — не понял Никита Михайлович.

— Наполеон боялся кошек. Это такая фобия... ну, болезнь такая.

— Ну, ты меня удивил! Я о такой болезни никогда не слышал и не знал, что она была у Наполеона. Эх, если бы я был Кутузовым, я бы собрал всех кошек в России и...

— Так это Наполеон боялся, а не его солдаты, — я снова улыбнулся.

— Действительно, не подумал. Расскажи ещё что-нибудь. Интересно.

14

— Ну, например, Наполеон спал всего часа два-три в день. Когда ложился спать, всегда говорил: «**Будите** меня, если придут плохие новости, а если хорошие — не будите», — я посмотрел на дорогу и продолжил: — А знаете, что говорил Наполеон о русских дорогах? Он говорил, что в России дорог нет, а есть только направления. Ну, например, на юг, на север, на северо-запад.

— Это точно! — засмеялся мой спутник. — А ещё что?

— Что начальников надо чаще менять. В этом он видел искусство **управления**. Говорил, что даже один **негодяй** может **погубить** страну. Ещё говорил, что надо честно отвечать за дело, если начальники начнут красть, то законы перестанут действовать. Хотя, правда, при этом говорил, что честно управлять трудно... А ещё говорил, что нельзя делать своих генералов очень богатыми. Став богатыми, они не хотят идти на смерть.

— Это он о России говорил?

— Нет. Это общее. Извините, можно я вам кое-что скажу?

— Давай. Говори. Слушаю.

— Мне кажется, что вы слишком долго были закрытым государством. Вы стали плохо думать о себе и слишком хорошо — о тех, кто живёт в других странах. Это не так... Везде есть и хорошие, и плохие. Не надо плохо думать о себе. Здесь у вас много замечательных людей...

— Думаю, ты прав... А что ещё говорил Наполеон о людях?

— А ещё он говорил, что солдаты и генералы без народа никогда не победят. Да, вот ещё что. Он был уверен, что армия **баранов**, которой руководит **лев**, всегда победит армию львов, которыми руководит баран.

— Это точно! — засмеялся Никита Михайлович.

ВОПРОСЫ К ГЛАВЕ 3

9

1. О чём, по мнению Никиты Михайловича, мог думать молодой француз по дороге в Бородино?

2. Вспомните, какие в вашем языке есть пословицы, близкие по значению русской пословице «Деньги любят счёт». Переведите их на русский язык. Объясните разницу.

3. Почему Сержу и его школьным друзьям было интересно на уроках истории?

4. Какой символ увидел Никита Михайлович в том, что Наполеон родился и умер на острове?

Видеть символ в чём-либо — особенность: а) русской культуры, б) женщин, в) отдельных людей, г) ваш вариант. Аргументируйте ответ.

5. Что вы уже знали о Наполеоне и что нового узнали о нём?

10

1. Почему Никита Михайлович стал спрашивать Сержа о Наполеоне?

2. Что, по мнению Сержа, характерно для россиян?

Выразите своё отношение к данной национальной особенности.

3. Каким способом Никита Михайлович хотел: а) заставить людей уважать себя? б) снизить цену на землю? в) стать главным героем рыбалки?

Дайте оценку этим способам.

4. Выразите своё отношение к следующим высказываниям: а) «Русскому человеку всё интересно»; б) «Всё и всем будет интересно тогда, когда интересно расскажешь».

5. Почему Никита Михайлович хотел, чтобы Серж рассказал своим иностранным друзьям об их поездке?

Как вы понимаете выражение «делить шкуру неубитого медведя»? Придумайте ситуацию, в которой его можно использовать.

11

1. Что знал Серж о Наполеоне? Почему он легко отвечал на вопросы?

2. Почему Наполеон стал генералом в таком молодом возрасте?

3. Почему Наполеон считал, что: а) Жозефина приносит ему удачу? б) годы, проведённые с Жозефиной, — лучшие годы его жизни? Почему тогда Наполеон развёлся с ней?

12

1. Что вы узнали о росте Наполеона и росте французских и русских мужчин, живших в начале XIX века?

2. Что означает выражение «комплекс Наполеона»? Кто, по мнению Сержа, придумал это выражение и почему?

3. Какое качество мужчины Никита Михайлович считает главным? Вы с ним согласны? Почему?

4. Какие отношения были у Наполеона с русским царём в самом начале XIX века?

Знаете ли вы, какая чёрная кошка пробежала между ними?

5. Как вы поняли фразу «Ох уж эти женщины…», сказанную Никитой Михайловичем?

13

1. Надо ли знать историю своей страны? А других стран? Почему?

2. Почему в Европе много мест, связанных с именем Наполеона?

Надо ли сохранять память о политических деятелях? Почему и как?

Надо ли сохранять памятники политическим деятелям и места, связанные с их именами? Почему?

3. Какая фобия была у Наполеона? Какие фобии вы знаете? А чего боитесь вы?

14

1. Что говорил Наполеон: а) о дорогах России? б) об искусстве управления? в) об отношении к делу? г) о зарплате генералов? д) о народе? е) о руководстве армией?

Что из этого остаётся актуальным и сегодня?

2. Согласны ли вы с тем, что «везде есть и хорошие, и плохие люди»? Аргументируйте ответ.

Глава 4
КУТУЗОВ

15

Мы проехали ещё километров 10. Никита Михайлович о чём-то думал, а я вспоминал то, что рассказывал нам учитель о войне 1812 года. Меньше всего я помнил о Кутузове, поэтому решил спросить о нём.

— А Кутузов командовал армией с самого начала войны с Наполеоном?

— Сначала, как я уже говорил, армией командовал Барклай-де-Толли. 11 июня Наполеон с основными частями армии перешёл реку Неман недалеко от литовского города Каунас. Наш царь в это время тоже был в Литве. В Вильнюсе. Там теперь столица Литвы. Армия Барклая стала отходить. 16 августа Наполеон уже был у Смоленска![1] А Смоленск — ключ к Москве! Это и власти, и народу очень не нравилось. Многие говорили, что Барклай-де-Толли — слабый генерал. Его многие не любили.

— Странно... Я заметил, что русские часто говорят «любим» или «не любим». Зачем генерала любить? Его можно уважать или не уважать. На результаты смотреть надо.

М.Б. Барклай-де-Толли

— Как тебе объяснить... Извини, но ты сейчас говоришь как не наш, как чужой. Мы любим человека, когда мы его хорошо понимаем. Барклай был для русских человек неправильный, потому что непонятный.

— Почему? — не понял я.

— Он жил в России, но нашим не стал. Для всех он оставался иностранцем. У него была шотландская и немецкая кровь. Многие шотландцы и немцы становились здесь своими. А у него не получилось. А ещё у него были плохие отношения с Багратионом, которого все в армии любили.

П.И. Багратион

Багратион тоже генерал русской армии. Горячий, смелый, популярный! Из грузинских царей. Грузин, но наш! Потому что понятный!

— А каким был Барклай-де-Толли?

— Добрым, скромным... Солдат уважал... Знаешь, что в нём не нравилось людям? То, как он общался с ними. Понимаешь, русским казалось, что он общается... что он очень холодно с ними общается.

— А Багратион?

— Ну! Багратион! Багратион же грузин! **Эмоциональный**, горячий! Это всем нравилось. Он и сражался так же. Сражался как лев. Солдаты его очень любили. Багратион был **смертельно** ранен на Бородинском поле... В общем, эти два генерала и встретились 3 августа в Смоленске.

— Не понимаю... Характер, конечно, у всех разный. Но ведь Багратион тоже **отступал**, — я серьёзно посмотрел на Никиту Михайловича.

— Отступал. Но по приказу Барклая. Барклай был военным министром. Вот его и сделали символом отступления русской армии! Знаешь, что сказал о нём брат нашего царя? Он сказал: «Не русская кровь у того, кто нами командует. Нам больно, но мы должны его слушать».

— Жозефина — символ победы у Наполеона, а Барклай-де-Толли — символ отступления у русских? — улыбнулся я.

— Получается так, — тоже улыбнулся Никита Михайлович и добавил: — Честно говоря, при Бородине Барклай-де-Толли сражался не хуже Багратиона. Он даже получил от царя **орден**! Он и потом отлично сражался в других войнах и оставил о себе добрую память. Его дела помнят.

— Да, я знаю, — сказал я. — Я вспомнил, что мой учитель говорил, что в 1813-ом Барклай-де-Толли победил в сражении под Лейпцигом[2], а в конце марта 1814-ого взял Париж.

Памятник Битве народов под Лейпцигом

— Молодец, что вспомнил, что наши взяли Париж. Эх!.. Почему мы ушли из Парижа? — вздохнул Никита Михайлович.

Я не знал, что ответить. Я пытался представить себе русский Париж, но у меня не получалось...

Комментарии

[1] Смоленск — один из древнейших городов России; расположен в 378 км к юго-западу от Москвы по дороге из столицы в Белоруссию, Прибалтику, страны Центральной и Западной Европы.

[2] Сражение под Лейпцигом — Битва народов (16—19 октября 1813 г.), крупнейшее сражение в период Наполеоновских войн и в мировой истории до Первой мировой войны; армия союзников (Австрия, Пруссия, Россия, Швеция) победила Наполеона I Бонапарта.

16

— Ты не знаешь, почему мы всё-таки не остались в Париже? — спросил Никита Михайлович, поглядев на меня.

— В 1814-ом был принят Парижский **договор**. По договору, во-первых, Голландия и Швеция снова становились **независимыми** государствами и, во-вторых, объединялись немецкие и итальянские земли. А границы Франции становились такими, какими они были в 1792-ом.

— Это понятно, — быстро сказал Никита Михайлович. — Но почему мы не оставили себе Париж? Это же город... город любви! Город поэтов и художников! Город кафе и ресторанов! Город приключений!.. Город мечты... любви...

«У меня — свои **стереотипы** о России, а у русских — свои о Париже», — подумал я и сказал, улыбаясь:

— Думаю, у России и так была огромная территория. Крым, Белоруссия, Литва, Грузия, Финляндия, часть Закавказья, Кавказ, территории в Средней Азии и Северной Америке. Да ещё новые земли на Дальнем Востоке. Может, Париж ей был уже не нужен?

— А я думаю, что нам Париж не помешал бы... Сам подумай: Париж! Надо было отказаться от какой-нибудь другой территории и оставить себе Париж! Мы бы таким его сделали!.. Таким... — он не знал, как закончить свою **фантазию.** Помолчав, Никита Михайлович продолжил: — Да... Вот так подумаешь-подумаешь и поймёшь, почему кто-то не любил Наполеона, а кто-то не любит Россию. Сильных боятся и не любят. Спят и видят, как сильного съесть!

Это всё были эмоции, а меня интересовала информация. И я спросил:

— А когда Кутузов стал командовать армией?

— 28 августа. Бородинское сражение началось утром 7 сентября.

— А почему командующим стал он, а не кто-то другой?

— Он был русский. У него было много побед. Он был популярен в армии. Правда, к этому времени он уже стал старым и больным человеком. Ведь ему было почти 70 лет... Но для нас эта война — главная его победа. Он — **спаситель** России!

— Понятно... — сказал я. — А что, ваша учительница истории тоже была увлечена этим временем?

М.И. Кутузов на Бородинском поле

— Честно? — мой спутник хитро посмотрел на меня. — Я очень серьёзно готовился к поездке. Я ведь не только с Захаром говорил и всё организовывал. Я ещё пару недель каждый вечер открывал Интернет и читал о Кутузове и о войне. Как-то подумал: «А вдруг мой француз меня спрашивать начнёт? А вдруг он будет знать про эту войну и нашего Кутузова больше, чем я? Умереть же со стыда можно! Нехорошо!» Начал читать. Даже кое-что выписал в тетрадь. Увлёкся. Интересно даже стало. Так что всё чики-пуки!

17

— Никита Михайлович, расскажите, что вы читали о Кутузове?

— Вот я как чувствовал, что ты о нём меня спросишь, — он радостно улыбнулся. — Михаил Илларионович Голенищев-Кутузов родился 5 сентября 1745 года в Петербурге, а умер в апреле 1813-ого. В городе Бунцлау, который сейчас называется Бореславец. Тогда это была немецкая территория, а сейчас польская. А знаешь, где похоронен Кутузов?

— К сожалению, нет.

— Вот я знаю, что ваш Наполеон **похоронен** в Париже в Доме инвалидов[1]. У меня там друг был. Рассказывал, что **гробница** Наполеона находится внизу, в центре большого **круга**. Чтобы его

М.И. Кутузов

47

увидеть, надо подойти и посмотреть вниз. А когда ты смотришь вниз, ты как бы **кланяешься** ему, да?

— Да, правильно. Но можно спуститься вниз и подойти к гробнице. Вокруг неё на полу названия всех побед Наполеона. Там есть надпись «Moskowa». Русские думают, что это «Москва», но в переводе «Moskowa» — «Москва-река». То есть «сражение на Москве-реке».

Дом инвалидов в Париже

— А ты знаешь, — Никита Михайлович хитро посмотрел на меня, — что камень, из которого сделана гробница Наполеона, из России? Его подарил Франции наш император Николай I[2] в 1846-ом. Камень — 200 **тонн**! Камень нашли в Финляндии. До Франции его довезли русские. Николай на это денег дал.

— Интересно... Я не знал... В Доме инвалидов есть ещё один камень. Обычно туристы не замечают его. Наполеон был похоронен под ним на острове Святой Елены. Ведь его перевезли в Париж только в 1840-ом. Так где же похоронен Кутузов?

— В Казанском соборе! — ответил Никита Михайлович.

— В соборе? Не может быть! Я не видел там гробницы Кутузова!

Гробница Наполеона

— Она сразу при входе. Если увидишь, то увидишь. Может, добрые люди покажут. Не увидишь, не покажут — значит рано тебе видеть!

«Господи, — подумал я, — русские иногда так странно говорят. Всё-то у них имеет свой смысл и значение. Как научиться их правильно понимать?»

Комментарии

[1] Дом инвалидов (фр. L'hôtel national des Invalides) — один из первых домов для военных инвалидов в Европе (в Париже); в нём похоронен Наполеон I Бонапарт, располагаются несколько музеев и могилы военных.

[2] Николай I (1796–1855) — российский император (1825–1855).

18

Тем временем Никита Михайлович продолжал:

— Кутузов был из старой **дворянской** семьи. Он был первым ребёнком в семье. Он рано остался без матери. Им занимались бабушка и отец. Отец Михаила Илларионовича был не только инженером и генералом, но и сенатором. С сыном они были большими друзьями. Когда мальчику исполнилось 14 лет, отец проверил знания сына и послал его учиться в Петербургскую **инженерную** школу на артиллериста. В этой школе он и сам преподавал. Там Кутузов учился три года. Жил дома. В школу ходил только на занятия. Летом ездил в военные **лагеря**.

— А как он учился?

— Любил русский язык и легко учил иностранные. Говорил на французском, немецком, польском, турецком, татарском и итальянском. Знал древние языки. Кстати, я читал, что по-французски он говорил правильнее, чем Наполеон. Ведь Наполеон был из простой корсиканской семьи. Очень любил читать французские романы. Хорошо рисовал.

— Талант к гуманитарным наукам?

— Не только. Он прекрасно знал математику и инженерное дело. Эти предметы ему, как и Наполеону, легко давались.

А ещё пишут, что Кутузов мог стать великим артистом. Из-за этого таланта у него в молодости большие проблемы бывали. Он здорово **копировал** людей. Ну, **передразнивал**. Кто-то смеялся, а кто-то становился врагом. Об этом и Толстой[1] писал в романе «Война и мир».

— А вы не знаете, почему у **полководца** было две фамилии — Голенищев и Кутузов?

— Да. Это известно из истории их семьи. В XIII веке пришёл «из прус» один Гавриил служить русскому **князю**...

— «Из прус»? Значит, Гавриил был немцем из Пруссии?

— Нет, в то время в Пруссии жили пруссы. Пруссы — один из балтийских народов. Они родственники литовцев и латышей. От этого народа осталось только одно название — Пруссия. Так вот, этот Гавриил потом стал русским героем. От его праправнука Фёдора Александровича Кутуза пошли Кутузовы. У Фёдора Александровича был **племянник** Василий Голенище. Дети племянника стали носить фамилию Голенищевы. Потом

50

эти две ветви семьи стали носить общую фамилию Голенище-вых-Кутузовых. Вот такая старая история.

— Интересно... А я думал, вторая фамилия от матери.

— Нет, как видишь. Кстати, его мать была из рода князей Пожарских, а князь Пожарский за 200 лет до Бородина тоже Москву освобождал. Только не от французов, а от поляков[2]. Это знак, согласись!

— Опять знак? Давайте без знаков. Давайте о жизни просто. А после школы Кутузов сразу пошёл в армию?

— Нет. Его оставили в Инженерной школе преподавать математику. Но, думаю, преподавать ему не очень нравилось, поэтому через полгода он попросился в армию.

— Получилось?

— Да. Его отправили в Ревель. Это Таллин сейчас, столица Эстонии. Кутузов служил там у генерал-**губернатора**. Быстро стал **капитаном**. А в 1762-ом он переехал в Новую Ладогу[3], под Петербург. Почти два года служил там у самого Суворова![4] Но что-то там не получилось. Может, Суворова передразнивал или ещё кого? Отец нашёл ему место в Польше. Польша была тогда частью России.

— А кто такой Суворов?

— Ой, Серёжа!.. Суворова не знать! Извини, но стыдно! Ты, конечно, француз, но ты — русский француз! Кроме того, ты — мужчина. А мужчина не может не знать Суворова!

«Почему так **категорично**? Почему русские бывают такими категоричными? Ну не знаю я Суворова! И что? Меня уже нельзя уважать? Глупость! Я что, от этого хуже становлюсь? И почему я всё время должен помнить о своей русской крови?» — **сердито**

Новая Ладога

А.В. Суворов

подумал я и спросил, стараясь говорить спокойно:

— Никита Михайлович, извините, но до приезда сюда я не думал о своей национальности и об истории. Я просто жил и просто работал экономистом. Были важны мои знания и то, какой я человек. Я много общался с иностранцами. Разница была только в бытовой культуре. Понимаете? История не имела значения. Знание истории не помогает зарабатывать деньги. Любой школьный учебник истории — это книга о войнах, а я не военный.

— Историю надо знать не только военным.

— Ну хорошо, хорошо... Так кто такой Суворов?

— Александр Васильевич Суворов — наш национальный герой, великий полководец. Он участвовал в 60 сражениях и ни разу — понимаешь, ни разу!!! — его никто не смог победить! Так вот, позже Суворов сказал, что Кутузов — его лучший ученик!

Комментарии

[1] Л.Н. Толстой (1828–1910) — один из наиболее известных в мире русских писателей.

[2] Освобождение Москвы от поляков — зд.: о событиях 7 ноября 1612 г., когда русские освободили город от польско-литовской армии.

[3] Новая Ладога — город, находящийся в 120 км на востоке от Санкт-Петербурга.

[4] А.В. Суворов (1729–1800) — национальный герой России, великий русский полководец; один из создателей русского военного искусства.

19

— А в Польше Кутузов долго был?

— Года три. Воевал там. Потом Кутузов снова был в Польше в 1769-ом и в 1792-ом, когда Польшу **поделили** между Пруссией, Австрией и Россией.

— Теперь я понимаю, почему поляки так не любят Кутузова.

— А ты откуда об этом знаешь?

— Перед отъездом я говорил с одним студентом из Польши. Он и рассказал мне об этом. Ладно, оставим эту тему... Что потом было с Кутузовым?

— После Польши отец помог Кутузову вернуться в Петербург. Кутузов стал работать переводчиком. Познакомился с важными людьми и императрицей Екатериной II[1]. Понравился ей очень. Ему было чуть больше 20, а ей — за 40. Говорят, она молодых офицеров очень любила. Знаешь, что сделал отец? Послал опять сына поскорее в армию. Так в 1770-ом Кутузов оказался на юге, а там уже два года как шла русско-турецкая война.

— Старшего сына на войну? Не понимаю...

— А чего тут не понимать? На войне, значит, было спокойнее, чем в **спальне** у Екатерины, — засмеялся Никита Михайлович.

— Но, наверное, Кутузов мог сделать **карьеру** и без спальни. У него же было хорошее образование, была известная семья. Странно, очень странно.

— Судьба, значит, такая у него была...

«Ох уж это русское слово "судьба". Чего не могут объяснить в своей жизни —

Екатерина II

всё этим словом называют. И "судьба" эта то **виновата**, то, наоборот, чудеса делает», — подумал я.

— Ну что, тебе ещё интересно? — Никита Михайлович внимательно посмотрел на меня.

— Да, — ответил я. Мне действительно было интересно. Хотя я не знал, зачем мне всё это надо.

— Тогда рассказываю дальше.

Комментарий

[1] Екатерина II (1729–1796) — императрица России (1762–1796).

20

— Судьба, — продолжил Никита Михайлович, — привела Кутузова на русско-турецкую войну. Там он участвовал в очень серьёзных сражениях. Быстро стал **майором**, а затем начальником **штаба**. А в 25 лет — **полковником**!

— А дальше?

— Дальше? Помешал талант артиста! Представляешь, в

П.А. Румянцев

компании офицеров он как-то передразнил великого полководца Румянцева![1] Ну, у нас добрых людей много. Румянцев быстро об этом узнал и сильно обиделся. Кутузова перевели в Крым[2]. Об этом он написал отцу. Отец ответил: «Человеку даны два уха и один рот, чтобы он больше слушал и меньше говорил!»

— А ещё два глаза!

— Правильно, чтобы мог по сторонам, вперёд и назад смотреть! — засмеялся Никита Михайлович. — После этого характер Кутузова изменился.

— Что значит «изменился»?

— Конечно, он остался энергичным, смелым, сильным и умным. Как ты понимаешь, он был красив, если понравился Екатерине. Бог дал ему много. Он много читал. Его многое интересовало. Любил задавать вопросы. Разговаривать. Но после истории с Румянцевым он стал осторожным, перестал верить людям. Научился не показывать свои мысли и чувства. Наполеон называл его «старой северной лисой». Про него говорили, что он может открыть любое сердце, но его сердце закрыто для всех и навсегда. А ещё... Вот ваш Наполеон спал всего два-три часа, а Кутузов, наоборот, любил **поспать**.

— Странно... Такой энергичный — и спать!

— Ничего странного нет. Очень даже русский характер, — сказал Никита Михайлович и поехал быстрее.

Комментарии

[1] П.А. Румянцев-Задунайский (1725–1796) — русский полководец.
[2] Крым — полуостров в Чёрном море; сейчас территория Украины.

21

Удивительно, но дорога, по которой мы ехали, была хорошая. Погода — отличная. Машина — классная. Настроение — замечательное! Замечательное потому, что я не знал, что будет дальше. Часто, когда я открываю книгу или начинаю смотреть фильм, я знаю, что будет дальше. Мне становится неинтересно. Почти так же было и в моей парижской жизни. Жизнь была удобной, организованной, но скучной... А сейчас я ехал навстречу неизвестному. Это было как в компьютерной игре, но... Компьютерная игра не давала таких... таких живых **человеческих** эмоций и, конечно же, таких знаний.

Ещё я думал о том, что мой спутник серьёзно подготовился к поездке. И кажется, ему нравится, что я задаю вопросы, на которые он знает ответы. О чём бы ещё его спросить? Пока я думал, Никита Михайлович заговорил снова.

— **Красавцем** Кутузов был недолго. Ему ведь ещё 30 лет не было, когда его ранили в правый глаз. В Крыму, в последний

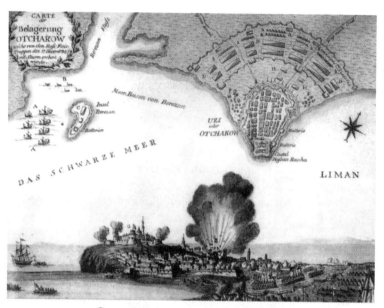

Сражение за крепость Очаков

год русско-турецкой войны. В память об этом в Алуште фонтан сделали. Он и сейчас там есть. А на второй русско-турецкой войне его ещё раз в голову ранило. В 1788-ом Кутузов со своими солдатами брал турецкую **крепость** Очаков[1]. Сражение было страшным. Врач, который тогда лечил Кутузова, сказал: «Бог хранит его для чего-то необыкновенного. Он уже два раза должен был умереть!»

— После таких ранений у Кутузова с головой всё в порядке было?

— Всё чики-пуки! Голова работала прекрасно! И это тоже чудо! Смерть его не брала. Значит, он был ещё нужен для чего-то очень важного!

«Так, — подумал я, — опять эти русские **штучки!**»

Комментарий

[1] Очаков — город-порт на Чёрном море; взятие крепости произошло в 1788 г., во время русско-турецкой войны 1787–1792 гг.

56

— В 1774 году, после первого ранения, Екатерина II, — продолжил Никита Михайлович, — отправила Кутузова лечиться в Европу. Сначала он лечился в Австрии, а потом поехал по Европе изучать военное дело. Побывал в Пруссии, Голландии, Италии и Англии. Встречался в Европе с учёными, военными и разными известными людьми. Даже с королём Пруссии встречался. А в 1777-ом вернулся в Россию. Ему было 32 года.

— В Петербурге стал жить?

— Нет. Сразу поехал в Крым. Войны там не было, но продолжались беспорядки. Он уже был полковником. В Крыму нашей армией командовал Суворов. Там они встретились во второй раз. В 1778-ом Кутузов женился на дочери одного нашего генерала. Знаешь, кто нашёл ему жену? Суворов! Семья получилась счастливая. У них было 5 дочерей и сын.

Некоторое время мы ехали молча, потом я спросил:

— А в Крыму были какие-нибудь серьёзные сражения?

— Да, — ответил Никита Михайлович. — Но позже. Крепость Очаков. Я тебе об этом уже говорил. Потом, в ноябре 1790-го, наши брали турецкую крепость Измаил[1]. Это очень

Взятие Измаила

известное сражение в нашей истории. Суворов тогда сказал о Кутузове: «Генерал Кутузов шёл от меня слева, но был моей правой рукой!» Кутузов одним из первых вошёл в крепость. Турки всё делали, чтобы вернуть Измаил. Но Кутузов крепость не отдал!

— А после этой войны? — спросил я.

— Судьба сделала его дипломатом. И, как дипломат, он поехал в Константинополь. Стамбул по-современному. Ситуация тогда там очень трудная была. В Турции нужен был особенный дипломат. Им и стал Кутузов!

— А какие проблемы там были? — не понял я.

— Серьёзные. И не только в турецко-российских отношениях, но и в европейских. Тогда Турцией, кстати, управлял султан Селим[2]. Этот султан редко улыбался. А с Кутузовым он даже смеялся! Турки не верили, что перед ними тот самый «жестокий Кутузов», которого они помнили по Измаилу... Знаешь, его там могли убить!

— За то, что с султаном смеялся? — пошутил я.

Гарем султана

— Тебе-то сейчас смешно... А тогда не до шуток было. Кутузов однажды **случайно** зашёл в сад султана. А делать этого ну никак было нельзя.

— Почему?

— Там гуляли жёны султана. По закону его должны были сразу убить. Но султан сделал вид, что этого не было. Вот как!

— Папа иногда говорит: «Восток — дело тонкое!»

— Это точно! Кстати, знаешь, откуда эти слова? Из «Белого солнца пустыни». Это такой фильм советский. Смотрел?

— Нет, к сожалению. Стоит посмотреть?

— Ещё бы! Ты же здесь хочешь начать бизнес и... купить землю! А фильм этот у нас все наизусть знают. Фразами из этого фильма говорят. Это у нас традиция такая — говорить фразами из фильмов, — улыбнулся Никита Михайлович. — Хочешь стать здесь своим — смотри наши фильмы! Особенно старые, советские.

Комментарии

[1] Измаил — город на реке Дунай (в 81 км от берега Чёрного моря); штурм крепости состоялся в 1790 г. во время русско-турецкой войны 1787–1792 гг.

[2] Султан Селим III (1761–1808) — глава Османской империи в период с 1789 по 1807 г. Султан — глава государства в некоторых мусульманских странах.

23

— А почему Кутузов вернулся в армию? Судьба? — спросил я с иронией.

— А ты не шути! Да, судьба. Кутузов писал жене, что быть дипломатом легче, чем военным. В 1795-ом он стал командующим армией, **флотом** и крепостями в Финляндии. А ещё директором училища, где готовили офицеров. Он много сделал для их **подготовки**. Сам их учил. Преподавал успешно. А вскоре умерла императрица Екатерина.

— И кто стал царём после неё?

— Её сын. Павел I[1].

— А как Павел относился к Кутузову? — поинтересовался я.

— На удивление хорошо. Павел был человеком сложным. Мать свою боялся и не любил. Со многими из её людей общаться не стал, многих отправил в ссылку. Кутузова же уважал и, главное, верил ему. В 1797-ом он послал Кутузова в Берлин. Зачем? Чтобы Пруссия не начала дружить с Францией.

— Ну и?..

— Два месяца Кутузов ходил вокруг прусского короля. И всё чики-пуки! Пруссия стала **союзником** России. За это Павел сделал его военным губернатором Литвы. В 1801-ом Павел был убит в своём дворце. Кутузов, кстати, был у Павла перед самой его смертью, они ужинали вместе.

— После Павла царём стал его сын?

— Да. Александр I. Он сделал Кутузова военным губернатором Петербурга. А потом между ними чёрная кошка пробежала, Кутузова сняли с должности, хотя в армии он остался. Он уехал жить в свою деревню.

Опять эта чёрная кошка!

Комментарий

[1] Павел I (1754–1801) — император России (1796–1801).

24

Мы проезжали мимо полей, лесов, каких-то маленьких деревень и коттеджных посёлков. Сразу можно было понять, где коттедж городского жителя, а где просто **деревенский** дом. Многие новенькие коттеджи были похожи на небольшие крепости. А когда я смотрел на обычные деревенские дома, мне казалось, что война 1812 года закончилась только вчера.

— А Кутузов участвовал в войне 1805 года? — спросил я.

— А как же! Конечно! Австрия решила подписать мир с Наполеоном. Вот наш царь Александр и вспомнил о Кутузове. Михаил Илларионович стал командующим армии, которая пришла на помощь Австрии. Он победил Наполеона при Амштеттене[1] и Кремсе[2].

— **Зато** Наполеон победил его под Аустерлицем![3] — сказал я.

— Я иногда не понимаю: ты русский или француз? Чему радуешься? За кого болеешь?

— Да я и сам не понимаю... Я же говорил, что, до того как приехать в Россию, я вообще об этом особо не думал...

— Понятно... Ладно, со временем поймёшь или...

— Что «или»?

— Или выбросишь эту тему из головы, потому что для тебя она не будет важной.

— А дальше? Что было с Кутузовым дальше?

— А дальше... Александр опять послал его... подальше... Военным губернатором... Сначала в Киев. Это в 1806-ом. Затем в Литву. Там Кутузов был с 1809-ого по 1811-ый. Да, в 1808-ом он служил в Молдавии. Царь приказал ему служить и там.

— Царь что, не понимал, что такие люди, как Кутузов, должны быть рядом с ним?

— Понимал! Но... Это же Россия!.. У нас часто рядом с начальником не самые лучшие люди... Слава богу, царь понял, что будет война с Наполеоном. Понял и приказал быстро закончить войну с Турцией.

— И кто её закончил? Неужели Кутузов?

— Да.

— Но он же не сразу стал командующим в войне с Францией?

— Не сразу. Когда началась война с Наполеоном, Кутузов стал сначала начальником Петербургского **ополчения**[4], а потом Московского. Только после того, как в Смоленск вошли французские войска, Михаила Илларионовича назначили **главно-**

*Памятник
Смоленскому сражению*

командующим. Он приехал в армию в конце августа. А Бородинское сражение состоялось через девять дней. 7 сентября.

«Смоленск... — подумал я. — Смоленск... Этот город Никита Михайлович уже называл... Смоленск... Что-то знакомое... Да там папа родился!»

— Французы взяли Смоленск? — с волнением спросил я.

— А чего ты так заволновался? Лицо чего-то у тебя красным стало...

— Мой папа из Смоленска...

Никита Михайлович внимательно посмотрел на меня, а я вспомнил Илью. Вспомнил, как он говорил, что в жизни очень важен случай. Тогда меня очень удивили эти слова. Я был уверен, что случайное бывает только тогда, когда дело организовано плохо.

Комментарии

[1] Битва при Амштеттене (24.10.1805) — сражение между частями французской и русской армий; сражение закончилось победой русской армии.

[2] Битва при Кремсе, или битва при Дюренштейне (30.12.1805), — сражение между французской армией и частями русско-австрийской армии; сражение закончилось победой русско-австрийской армии.

[3] Битва под Аустерлицем (02.12.1805, Аустерлиц сегодня — Славков, Чехия) — сражение между армиями, которыми командовали Наполеон I Бонапарт и М.И. Кутузов; закончилось победой армии Наполеона.

[4] Ополчение — вспомогательные вооружённые группы невоенных людей, участвующие в войне для защиты от врагов.

ВОПРОСЫ К ГЛАВЕ 4

15

1. Почему Серж хотел больше узнать о Кутузове?

2. Почему русские, говоря о ком-либо, часто используют слова «любить» / «не любить»?

Какими словами выражают отношение к человеку в вашей культуре?

Какие люди более симпатичны русским: открытые или закрытые? А вам? Почему?

3. Что отличало Барклая-де-Толли от Багратиона?

А каким должен быть великий полководец, по вашему мнению?

4. Почему город Смоленск называли «ключом к Москве»?

5. О чём сильно сожалел Никита Михайлович? Чего не мог представить себе Серж? Почему?

16

1. Почему царь заменил Барклая-де-Толли старым и больным Кутузовым?

2. Почему Никита Михайлович многое знал о войне 1812 года?

3. Почему, по мнению Сержа, русские не остались в Париже? Выразите своё отношение к его мнению.

4. Выразите своё отношение к фразе: «Сильных боятся и не любят».

5. Какова роль стереотипов в диалоге культур?

Какие стереотипы были (есть) у вас о России? Какие из них оказались (не)правильными?

17

1. Сравните места захоронений Кутузова (с. 183) и Наполеона (с. 48).

Можно ли, сравнив их, говорить об отношении народа к своей истории? Аргументируйте ответ.

2. Как во французской истории называется Бородинское сражение?

Как вы думаете, почему французы так назвали это сражение?

3. Почему, по вашему мнению, русский император Николай I подарил Франции камень на гробницу Наполеона?

4. Как вы понимаете фразу «рано тебе что-то делать»? Какая фраза, близкая ей по смыслу, есть в вашем языке?

18

1. Что ещё нового вы узнали о Кутузове?

Из-за чего у Кутузова бывали серьёзные проблемы в молодости?

2. Какой знак Никита Михайлович видел в том, что Кутузов был из рода князей Пожарских? Выразите своё отношение к этому.

3. Кто такой Суворов?

Кого Суворов считал своим лучшим учеником и почему?

4. Почему до приезда в Россию Серж не думал о своей национальности и мало интересовался русской историей?

5. Выразите своё отношение к фразам: а) «Учебник по истории — учебник войн»; б) «Историю надо знать только историкам и военным»; в) «Знание истории никому не нужно, потому что оно не помогает зарабатывать деньги»; г) «Важны не мои общие знания, а профессиональные знания и то, какой я человек»; д) «Люди разных национальностей одинаковы. Их различает только бытовая культура».

19

1. Армии каких стран брали Москву?

2. Чем Кутузов нравился императрице Екатерине II?

3. Почему отец Кутузова отправил сына в армию?

Какие качества, по мнению Сержа, нужны для успешной карьеры?

Помогают ли эти качества сделать карьеру: а) в России? б) в вашей стране? Почему?

4. Какую роль в русской картине мире играет слово «судьба»?

Как относится к этому слову Серж?

5. Почему Серж начал расспрашивать Никиту Михайловича о Кутузове?

20

1. Что помешало военной карьере Кутузова?

Как после этого случая изменился его характер?

Почему Наполеон называл Кутузова «старой северной лисой»?

2. Выразите своё отношение к фразе: «Человеку даны два уха и один рот, чтобы он больше слушал и меньше говорил». Найдите в своём языке близкое по смыслу выражение.

3. Человек, который любит поспать, — ленивый человек? Почему?

21

1. Какое настроение было у Сержа? Почему?

2. Какие два серьёзных ранения были у Кутузова?

3. Как врач и Никита Михайлович объяснили то, что смерть не брала Кутузова?

Как к таким объяснениям продолжал относиться Серж? А вы?

22

1. В каких странах после ранения побывал Кутузов? Как он там проводил время?

2. Расскажите о семейной жизни Кутузова.

3. Почему Кутузов стал дипломатом?

Докажите, что турецкий султан очень хорошо относился к Кутузову.

4. Как вы понимаете фразу: «Восток — дело тонкое!»? Есть ли похожие выражения в вашем родном языке? Какие?

5. Надо ли знать старые советские фильмы тому, кто хочет жить и работать в России? Для чего?

1. Чем занимался Кутузов после ухода с дипломатической службы?

2. В каких отношениях Кутузов был с Екатериной I? Павлом I? А с Александром I?

Как это его характеризует?

3. Чем стал заниматься Кутузов, после того как между ним и Александром I пробежала чёрная кошка?

24

1. Почему Никита Михайлович был иногда сердит на Сержа?

2. Чем отличались деревенские дома от современных коттеджей?

3. Когда и почему Александр I вновь вспомнил о Кутузове?

4. Почему Кутузов мог победить, но не победил Наполеона под Аустерлицем?

Какая выгода была для русских в том, что Наполеон победил под Аустерлицем?

Почему Александр I посылал Кутузова служить подальше от Петербурга и Москвы?

5. Почему Серж вспомнил слова Ильи?

Выразите своё отношение к фразе: «Случайное бывает только тогда, когда дело организовано плохо».

Глава 5
СТАРЫЕ И НОВЫЕ ЖИТЕЛИ МОЖАЙСКОГО РАЙОНА МОСКОВСКОЙ ОБЛАСТИ

25

— Нам ещё долго ехать? — спросил я Никиту Михайловича.

— Нет. Скоро будем на месте, — ответил он.

— А по какой дороге мы сейчас едем?

— Это дорога на Минск[1]. На сотом километре от Москвы **повернём** направо — на Можайку[2]. От Можайска до Бородина совсем близко.

— А на **электричке** до Бородина можно доехать?

— Захар говорил, что можно. С Белорусского вокзала[3]. Можно доехать до Можайска, или до станции Бородино, или до Гагарина. Да, ещё можно до Вязьмы. Ну а дальше на автобусе.

— А из Москвы туда идёт какой-нибудь автобус?

— Я у Захара спрашивал. Он сказал, что тоже от Белорусского. Автобус номер 457. Обо всём этом узнаем, когда приедем.

— А где мы будем **ночевать**, Никита Михайлович? В какой гостинице?

Трасса Москва — Минск

Белорусский вокзал, Москва

— Зачем нам гостиница? Я же сказал, что всё организовано! Всё чики-пуки! Я перед поездкой человека нашёл, у которого там знакомая мамы живёт. Позвонил, договорился. Так что порядок. В гостинице мы с тобой ничего интересного о нашем деле не узнаем. А простые люди нам всё расскажут: как и с кем говорить о **покупке** земли. Зачем платить Захару и его фирме? Мы на них уже посмотрели и всё поняли. Землю будем покупать без **посредников**. Эх, молодёжь! Всему вас ещё учить надо!

— Я не понял, где же мы будем жить?

— В деревне. У Татьяны Андреевны. В отдельном доме. Её дом находится на территории Бородинского музея-заповедника. Ты, это... Ты не говори пока ей, что мы приехали землю покупать, — попросил Никита Михайлович.

— Почему?

— Я сказал Татьяне Андреевне, что ты русский француз, который пишет диссертацию о войне 1812 года. Понимаешь, я не знаю, как люди будут к нам относиться, если узнают, зачем мы сюда приехали. Веди себя как человек, который занимается историей.

Я не понял, как надо себя вести. Но спрашивать об этом не стал. Я спросил о том, что меня действительно интересовало:

— Так значит, люди против того, чтобы здесь покупали землю?

— Сынок, люди всегда боятся всего нового. Они не понимают, что жить здесь будет лучше и веселее, когда сюда приедут богатые люди.

— Но потом они узнают о нас правду, — я внимательно посмотрел на спутника, — Нас не будут здесь любить. И тогда точно будут проблемы.

— Ещё как будут любить! Мы всё сделаем, чтобы стать здесь своими. Это очень важно! Всё тогда для нас дешевле будет! — **уверенно** сказал он.

Я не знал, что сказать... Этот человек всё время удивлял меня.

Немного помолчав, он продолжил:

— Серёженька, пить не будем. Я своё давно выпил. Не пью лет пять. Днём я за рулём. Поэтому народ поймёт, почему не пью. Хотя... для многих это тоже не **аргумент**. А вечером... Я нашёл дом, где живёт только одна женщина. Если бы были мужики, то они бы нас точно не поняли. Надо было бы пить. Понял?

— Понял! — ответил я и подумал: «Это очень хорошо, что пить не будем! А то случится что-нибудь... На дороге, напри-

мер... А потом будем объяснять: "Судьба!" — и решать ненужные проблемы».

Комментарии

[1] Минск — столица Республики Беларусь.
[2] Можайка — (зд., разг.) дорога от Москвы до Можайска; Можайск — город на западе Московской области.
[3] Белорусский вокзал — один из вокзалов Москвы, с которого уходят поезда западного направления.

26

Минут через 15 мы были на месте. Никита Михайлович вышел из машины и пошёл к деревянному дому, стоящему за невысоким **забором**. Не успел он подойти, как мы услышали собаку. Через минуту открылась дверь и появилась **пожилая** женщина.

— Это вы, Никита Михайлович? — крикнула она.

— Мы, Татьяна Андреевна! Добрый вечер. Вот, приехали. С Сержем! С французом нашим! Извините, что немного опоздали. Дорога была долгая.

— Здравствуйте! Я вас жду. Собаку не бойтесь. Проходите-проходите.

Мы вошли в дом и оказались в комнате, похожей на широкий коридор.

— Это сени, — сказал Никита Михайлович, — Летом тут спать хорошо. Летом здесь можно и соседей принять. Посидеть с ними, поговорить. А сейчас здесь вещи, нужные для хозяйства. Зимой сени защищают дом от холода.

Мы прошли дальше в дом и вошли в большую комнату. Справа я увидел белую стенку из **кирпича**, а в ней огонь.

— Видишь, Серёжка! Настоящая русская **печка**! А ты говорил «гостиница»! Татьяна Андреевна! А ужин вы нам в этой печке готовили? — спросил он.

— Нет, — улыбнулась она, — нормально готовила, как в городе готовят, на газе.

— Жаль, — сказал Никита Михайлович и продолжил: — Видишь **иконы** в углу? Это красный угол! Самое важное место в доме!

Под иконами **вдоль** стен стояли деревянные **лавки** и стол. На столе нас уже ждал ужин.

— Та-а-к, хозяйка, — продолжил Никита Михайлович, — а где мы спать-то будем? Показывай!

Татьяна Андреевна снова улыбнулась, подошла к двери, расположенной недалеко от окна, и открыла её.

— Это одна комната, а за ней — другая. Выбирайте, кому какая нравится.

Мы вошли в комнату. Она оказалась очень уютной и чистой. В ней стояла широкая и высокая кровать, шкаф, маленький стол и два стула. На стенах — фотографии. Над кроватью ковёр, на полу половики.

— Ну, ты здесь или в следующей? — спросил меня Никита Михайлович.

— Как скажете. Выбирайте вы.

Никита Михайлович прошёл в другую комнату и сказал: «А здесь тоже хорошо!»

Я подошёл к нему и посмотрел: большой диван, **письменный** стол, кресло, стул, небольшой шкаф. На полу опять половики. Хорошая комната. Тоже чистая и приятная.

— Ну, твоя какая, Серёга?

— Никита Михайлович, давайте эта.

— Нет, — сказал он, чуть подумав, — эта будет моей. Ты крепко спишь? Я — нет. Вдруг ты ночью куда пойдёшь? А я потом не засну. Ты — там, а я здесь! Идёт?

— Идёт! — согласился я.

Перед ужином Никита Михайлович тихо сказал:

— И за всё за это с завтраком, обедом и ужином всего 1000 рублей в день! На двоих! По 500 рубликов с каждого! Чудо!

«Да-а-а, — подумал я, — с тобой, Никита Михайлович, не скучно!»

Я за свою комнату с завтраком в Питере платил в два раза больше. Ужин был вкусный. Настоящий домашний русский ужин: картошечка, котлетки, **квашеная** капуста, **солёные** огурцы и **грибочки**! Ещё хозяйка принесла домашней водки. Никита Михайлович тут же сказал: «Не пьём! Выпили своё!»

— Совсем не пьёте? — не поверила Татьяна Андреевна.

— Совсем не пьём! — повторил он. — Но... но ради уважения к дому и к вам выпьем. По чуть-чуть, по 50 грамм. Так что **налейте** нам по **стопочке**, бутылку сразу подальше **унесите** и забудьте про неё.

Татьяна Андреевна хотела что-то сказать, но Никита Михайлович твёрдо повторил: «По стопочке! И бутылку унести!»

Мы чокнулись, выпили по 50 грамм за знакомство, поужинали и легли спать. Я спал в этом русском доме так, как только в детстве спал в Альпах, у бабушки с дедушкой.

27

Утром во время завтрака Татьяна Андреевна спросила:

— Так какие у вас, дорогие мои, сегодня планы?

— Хотим поехать и посмотреть ваши исторические места: где армия Наполеона стояла, где — наши. Поедем по кругу. От вас в Шевардино, потом в Фомкино, в Валуево. Потом доедем до Старого Села. В Новое Село заедем, в Горки...

— А обедать-то где собираетесь? — поинтересовалась она.

— Где-нибудь да пообедаем, — ответил Никита Михайлович.

— А я вам пирожков с собой дам и **термос** с чаем, — улыбнулась она.

Позавтракав, мы поехали. Дорога была пустой. За окном машины — русский, ещё зимний пейзаж. Вот и первая деревня. Никого не видно.

— Никита Михайлович, почему здесь так пусто?

— А отсюда, наверное, уже все уехали в город жить. Что тут делать-то?

— А дома эти чьи?

— Не знаю... Может, хозяева ждут, когда можно будет выгодно землю под домом продать? Дома-то старые... Такие никому не нужны. А место тут хор-р-рошее!..

Вдруг мы увидели, что от дома к дороге идёт пожилая женщина.

— Давай остановимся и поговорим с ней, — предложил Никита Михайлович.

Мы остановились, вышли из машины и поздоровались. Никита Михайлович почему-то обратился к ней, назвав её «мать». Потом он объяснил мне, что в деревнях так обращаются к незнакомым старым женщинам. Женщина с удовольствием стала с нами разговаривать и рассказывать о себе. Она сказала, что её зовут Глафира Петровна, но можно называть бабой[1] Глашей.

— Баб Глаш[2], — обратился к ней Никита Михайлович, — а много у вас в деревне народа живёт?

— Нет, милый. Все давно уже в город уехали. Кто в Можайск, а кто и в саму Москву. Я одна живу. Есть несколько соседей. Все уже старые. Меня вот дети тоже в город зовут. А я ехать не хочу. Мне уже 82. Здесь я родилась, здесь и умру. Что мне в городе делать? У телевизора сидеть? А тут у меня корова! Как её оставить? Да мне одной много и не надо. Вот вышла посмотреть: не приехала ли автолавка[3]. Хлеба надо купить.

— В деревне нет магазина? — удивился я.

— Нет, хороший мой. Магазин на станции только. До неё 5 километров. Раньше я туда ходила, а сейчас мне туда уже не дойти. Ещё можно в Можайск поехать. Это уже 12 киломе-

тров… Но ехать — деньги платить. Городской автобус не ходит, он-то для пенсионеров бесплатный был, а коммерческий только за деньги. А пенсия-то маленькая…

Подъехала маршрутка. Дверь открылась. Я услышал музыку, очень похожую на турецкую. Из автобуса вышел дед. Он поздоровался с нами и сказал: «Глафира, на станции хлеба нет. Сказали, что завтра автолавка будет. Так что жди. Завтра хлеб купим».

Потом дед посмотрел на нас и спросил: «А вы кто такие будете?»

Никита Михайлович сказал, что я молодой французский учёный, который интересуется историей, а он мне помогает — возит на машине и организует мою программу.

— Может, в гости ко мне зайдёте? Чаю попьём… И Глафиру Петровну пригласим. А как вы уедете, мы вас ещё долго вспоминать будем! Не каждый день у нас гости, да ещё из Франции!

— С удовольствием! У нас к чаю пирожки есть! — согласился Никита Михайлович. — И даже чай свой в термосе.

[1] Баба — слово для обращения к пожилой женщине (*баба Таня, баба Маша*).

[2] Баб Глаш — специальная форма обращения для баба Глаша.

[3] Автолавка — машина, с которой продают что-либо (используется в сельской местности или во время праздников), мобильный магазин.

28

Дед узнал, как нас зовут, и сказал, чтобы мы звали его «дед Макар». Его дом был похож на дом Татьяны Андреевны, но только меньше: сени и одна большая комната с печкой и с красным углом, за ней — маленькая комната.

Мы сели за большим столом под иконами и стали пить чай.

— Дед Макар, а вы где и кем работали до пенсии? — спросил Никита Михайлович.

— Я — в колхозе. Колхозом руководил, а Глафира Петровна — в нашем музее. В **бухгалтерии** работала, — с удовольствием отвечал дед.

— Мы слышали, что сейчас тут земли продают, — Никита Михайлович посмотрел на бабу Глашу.

— Продают... — ответила она. — Никогда не думала, что **доживу** до времени, когда на такой исторической земле будут строить те, кто миллионы у народа своего **украл**!

— А когда здесь был открыт музей? — спросил я.

— 26 августа 1839-ого по приказу русского царя Николая I. Это поле — первый в стране музей сражения, — сказала баба Глаша.

— А чьи тогда здесь были земли? — задал вопрос Никита Михайлович.

— **Помещиков** разных, — ответила она. — Некоторые помещики продали царю свою землю, но было много и таких, которые землю свою просто подарили.

— А что тут было в советское время? — поинтересовался я. Мне становилось всё интереснее. Казалось, что я попал в какую-то живую книгу.

Бородинский музей

— В советское колхозы были... А в октябре 1941-ого — страшные бои с фашистами, — продолжила она. — Здесь — дорога к сердцу России. К Москве. Знаете, сколько сюда пришло фашистов? Почти 2 миллиона человек! Их было раза в полтора больше, чем наших. А знаете, сколько здесь было фашистских танков и самолётов? Около 2 тысяч танков и почти 1,5 тысячи самолётов! В два раза больше, чем советских! Здесь такое было... Страшнее, чем в самом страшном сне или в вашем фильме **ужасов**! Я-то тогда девочкой была, но всё хорошо помню...Так что здесь в земле лежат и те, кто воевал с Наполеоном, и те, кто с Гитлером! Вы в музее-то были?

— Глаша, ты помнишь, когда Хрущёв[1] приказал здесь музей сделать?

— Помню. В 1961-ом. Он стал называться Государственным Бородинским военно-историческим музеем. Так что мы оказались на территории музея. Ельцин[2] в 1995-ом объявил Бородино важным историческим и культурным объектом.

«Да-а-а, — думал я, слушая бабу Глашу. — Россия богата не только **нефтью**, но и своей историей. А я об этом как-то и не думал. Я неплохо знаю европейскую историю. Но что я знаю о России? Хоть у меня и есть в семье русские, я не очень интересовался землёй, на которой жили мои деды и прадеды. Достаточно было старых стереотипов (матрёшка[2], Юрий Гагарин[4], балет, Чехов[5], Достоевский[6] и Толстой) и новых (**мафия, хакеры, коррупция,** красивые девушки, всегда **пьяные** русские мужчины)... Интересно... Очень интересно...»

Комментарии

[1] Н.С. Хрущёв (1894–1971) — руководитель СССР (1953–1964).

[2] Б.Н. Ельцин (1931–2007) — советский партийный и российский политический и государственный деятель; первый президент Российской Федерации (1991–1999).

[3] Матрёшка — традиционный русский сувенир (деревянные куклы, вложенные друг в друга).

[4] Ю.А. Гагарин (1934–1968) — лётчик-космонавт СССР; первый в мире космонавт.

[5] А.П. Чехов (1860–1904) — один из наиболее известных в мире русских писателей.

[6] Ф.М. Достоевский (1821–1881) — один из наиболее известных в мире русских писателей.

29

— А говорят, что здесь сейчас земли богатые люди покупают... — начал Никита Михайлович.

— Покупают, **черти!** — дед ударил кулаком по столу. — И как **совести**-то у них хватает! Это же... Это же неуважение к самому святому, к истории отечества своего! **Дикари!**

Мне показалось, что Никита Михайлович пожалел, что сказал это. Мы же тоже приехали сюда как покупатели. Он ехал с большими планами. Ему было важно сделать для меня хорошую рекламу, а тут всё пошло не так, как он хотел. Дед тем временем продолжал:

— Здесь у земли много хозяев. Тут же 1200 гектаров земли! А у музея — всего 120! Чтобы этот уникальный памятник сохранить, государство должно сделать как при царе Николае I: или купить земли, или принять их в подарок. Но сейчас люди другие!.. Они землю государству не дарят, а делают на ней свой бизнес! Вот, например, в Горках. Люди говорят, что там администрация взяла у музея 10 гектаров земли и записала их как земли деревни Ковалёво. Теперь, если это земля деревни, то по закону строить можно! И так всюду!

— Но строить-то можно? С этими домами ничего не будет? — с волнением спросил Никита Михайлович.

— Никто ничего не знает... Мы даже границ своих деревень не знаем, хотя закон об этом был принят при Ельцине лет 20 назад. А в 2003-ем появился закон, по которому можно землю покупать и продавать. Понимаете, на территории музея 28 деревень, где люди живут. А строгих границ нет! Продавай и покупай что хочешь.

— Для бизнеса это хорошо-о-о! — проговорил Никита Михайлович.

— Для ста **идиотов** — это хорошо. А для истории страны — катастрофа и **трагедия**! — дед опять ударил кулаком по сто-

Русские гусары

79

Французский кавалерист

лу. — Вот сейчас они вспомнили, что скоро 200 лет Бородину будет. Наши начальники бегают, боятся чего-то. Но при этом всё что можно быстро продают. А цены как растут! Покупатели тоже бегают. Вот ваш француз сюда за историей приехал, а другие — землю покупать! Нет уже того поля, где сражение было! И никогда уже не будет! Государство на это деньги точно не даст. А даст, так украдут!

Я сидел и думал: «Что он говорит! Этого не может быть! Я ничего не понимаю! У России нет будущего!»

30

Неожиданно все трое посмотрели на меня.

— Что? — глазами спросил я.

— Я когда-то фильм видел... — начал дед. — «Ватерлоо» называется. Я ездил на север, в Вологодскую область, к другу. У них в селе в церкви сделали кинотеатр. Там и смотрели этот фильм... Его наш известный советский режиссёр Сергей Бондарчук снял после «Войны и мира». Скажите, Серёжа, а что сейчас на Ватерлоо?

— Это одно из мест в Бельгии, куда приезжает много туристов. Жители Ватерлоо очень любят свой город. Они берегут его и гордятся им. Там есть штаб-квартира Наполеона, музей Веллингтона, **Холм** Льва, Центр посетителей, **Панорама**, Музей **восковых**

фигур, церковь святого Иосифа. Вокруг Ватерлоо много маленьких красивых городов.

— А администрация продаёт там земли? — спросила Глафира Петровна.

— Я не знаю... Хотя... Вспомнил! Гид говорил, что лет 200 назад, ещё до образования Бельгии, во Франции был принят закон об **охране** Ватерлоо.

— 200 лет назад?.. И что? — спросил Никита Михайлович.

— Охраняется. Никто ничего не строит. Это же история страны и... закон, — сказал я.

— Господи, а ведь такие деньги можно было бы заработать! — вздохнул Никита Михайлович.

— Думаю, что никто бы и покупать не стал, — ответил я.

— Вы, главное, **свистните**. А уж мы за секунду в такую очередь станем, что её конца не увидите!.. Эх, Европа! Не понимаете вы своего счастья! — снова вздохнул Никита Михайлович и спросил: — А новая власть не меняет законы так, как ей надо?

— Зачем? Прежде чем принять закон, надо хорошо подумать.

— А у нас каждая новая власть принимает свои законы, — сказал Никита Михайлович, вставая.

— Ну ладно, ребята, — сказал дед Макар. — Вам, как я понимаю, надо дальше ехать. Пойдёмте, провожу вас до машины. Глаша, посидишь или тоже пойдёшь?

— Пойду... — сказала она.

— А у вас тут строят? — спросил её Никита Михайлович.

— Один строит... Видишь дом большой? При-

Холм Льва, Ватерлоо

81

ехал с большими деньгами. Бегал-бегал. Всё место выбирал. Выбрал. Стал строить. Строит такой дом, какой в Австрии видел. Чужой этот дом среди наших русских... И такой высокий, что теперь не видны нам ни церковь наша, ни памятник нашим солдатам... И музыка оттуда не наша...

31

Целый день мы ездили по деревням. Дороги были плохие, сами деревни — пустые. Иногда, правда, видели старых мужчин или женщин. Мы выходили из машины, с некоторыми из них знакомились и разговаривали. И все они говорили об одном и том же: идёт стройка на **могилах, разрушают** нашу национальную память.

Почти в каждой деревне стояли новые дома. Они стояли за высокими заборами. За заборами было тихо. Было тихо и за заборами, где стояли дома, которые только начали строить. Ещё мы видели заборы, за которыми стройка ещё даже и не начиналась. Мне это показалось странным: строят здесь или не строят?

Строителей мы увидели только в Старом Селе. Здесь их было много. Тут шло строительство сразу нескольких домов. Мы подошли ближе...

— **Гастарбайтеры**...[1] — тихо сказал мне Никита Михайлович.

Нам навстречу вышел мужчина восточного вида и важно спросил:

— Куда и зачем?

— Хотим дом здесь купить, — ответил Никита Михайлович.

— Дом — хорошо! Хорошо! Но идти нельзя. Смотреть нельзя. Земля хозяина. Хозяин говорит: «Ходить нельзя!» По-русски понимаешь? Нельзя! И мне тебе ничего говорить нельзя! — сказал мужчина.

— А откуда строители? Откуда приехали? — Никита Михайлович показал на гастарбайтеров.

— Узбекистан. Таджикистан[2], — ответил тот и важно добавил: — Я — узбек. Я по-русски говорить могу. Хозяин говорит:

82

«Будешь смотреть!» Они работают, я смотрю. Я тут начальник! Ещё смотрю, чтобы чужие не ходили. Идите-идите. До свидания.

— Узбекистан... Таджикистан... А ты знаешь, где вы строите? Что тут было? «Скажи-ка, дядя...»[3], — вдруг сердито сказал Никита Михайлович.

— Я тебе не дядя. Что было? Что было? — продолжал улыбаться узбек. — Ничего не было. Земля. Дома не было. Жизни не было. Плохо было. Мы приехали и строим вам. Вы не можете. У вас мужчины пьют, много денег за работу берут, работают плохо. Скоро мы тут вам дома сделаем. Жизнь будет! Хорошо! А мы деньги получим! Деньги семье дадим. У меня жена и 5 детей. Им тоже хорошо будет! Хозяин говорит: «Хорошо работать будете, возьму ещё людей из вашей деревни!»

— А вы хорошо работаете-то?

— Хорошо! Очень хорошо, дорогой! Мы не пьём. Денег за работу просим меньше. Мастер нас работать учит. Он тоже узбек. Идите-идите... До свидания.

— Чёрт! — сказал Никита Михайлович. — Пошли в машину!

Комментарий

[1] Гастарбайтер (нем. Gastarbeiter) — сезонный иностранный рабочий. Слово имеет негативную окраску.

[2] Узбекистан и Таджикистан — бывшие республики СССР, откуда в Россию сейчас приезжает много иностранных рабочих.

[3] «Скажи-ка, дядя...» — первая строка хрестоматийного стихотворения М.Ю. Лермонтова «Бородино» (посвящено Отечественной войне 1812 года), которое изучается в российских школах.

ВОПРОСЫ К ГЛАВЕ 5

25

1. Как от Москвы можно доехать до Бородинского поля?
2. Почему Никита Михайлович не захотел жить в гостинице? Как он нашёл деревенский дом, в котором снял комнаты? Почему он выбрал этот дом?
3. Что Никита Михайлович рассказал о себе и Серже хозяйке дома? Почему?

26

1. Как встретила гостей Татьяна Андреевна?
2. Расскажите о традиционном русском деревенском доме.
3. Чем закончился вечер? Как провёл Серж первую ночь в русской деревне?

1. Что удивляло Сержа, когда он ехал по русским деревням?

2. Кто такая Глафира Петровна? Что она рассказала о себе и жителях деревень? Как она попросила себя называть?

3. Кто пригласил к себе в гости Никиту Михайловича и Сержа? Почему?

Куда ездил этот человек и что сообщил Глафире Петровне?

28

1. В каком доме жил дед Макар? Где и кем работали в советское время деревенские жители?

2. Как относился к продаже земли дед Макар? Почему?

3. Что рассказали гостям: а) об открытии первого в России музея сражения? б) о событиях Великой Отечественной войны? в) о роли Н. Хрущёва и Б. Ельцина в судьбе музея?

4. Как Серж относился к происходящему с ним? Почему?

5. О чём думал Серж, слушая деревенских жителей?

29

1. Что, по мнению деда Макара, следует сделать, чтобы сохранить музей Бородинского сражения?

2. Почему можно покупать и продавать земли на месте Бородинского сражения?

3. Как назвал продажу земель дед Макар? Почему?

4. Почему Никита Михайлович был не рад, что стал задавать жителям вопросы о продаже земли?

5. Почему Серж подумал, что у России нет будущего? Вы согласны с его мнением? Почему?

1. Какой вопрос о Ватерлоо задал дед Макар Сержу? Почему?

2. Что сейчас находится на месте сражения у Ватерлоо?

3. Почему земли на месте сражения у Ватерлоо не продаются?

Что, по мнению Никиты Михайловича, произошло бы, если бы стали продавать эти земли?

4. Какую разницу Никита Михайлович видел в том, как принимаются законы в Европе и в России? А как принимаются законы в вашей стране?

5. Почему, по мнению Глафиры Петровны, новые дома выглядят в русских деревнях как чужие?

31

1. Какое впечатление произвели на Сержа деревни и дороги? Почему?

Как относились к новому строительству жители деревень?

2. Что происходило там, где земля была куплена новыми хозяевами?

3. Что рассказал гастарбайтер: а) о себе? б) о работе российских строителей? в) о работе гастарбайтеров? Что он знал об истории этих мест?

4. Какое настроение было у Никиты Михайловича после встречи с гастарбайтерами? Почему?

Работают ли на строительных объектах в вашей стране гастарбайтеры? Почему?

Глава 6
ИВАН АНДРЕЕВИЧ

А. Памятники Бородинского поля

32

В нашу «гостиницу» мы вернулись, когда на улице уже было темно. Татьяна Андреевна ждала нас.

— Вы не будете против, если сегодня с нами мой брат Иван поужинает? Он очень обрадовался, когда узнал, что у меня гости из Петербурга и из самого Парижа! Ему с Серёжей познакомиться хочется. Брат иностранных языков не знает и с иностранцами никогда не разговаривал. Уж очень ему интересно, — сказала она.

— Будем только рады, — ответил Никита Михайлович.

Вскоре пришёл брат, и мы сели за стол. Татьяна Андреевна улыбнулась: «Вот Бог мужчин послал, которые не пьют!»

— Ну, я-то понятно. Своё выпил. Серёжа тоже не очень это дело любит. А Иван Андреевич-то почему?

— Никита Михайлович, здоровье не позволяет, да и лет мне уже много. Если со мной что плохое случится, кто сестре помогать будет? Да и без водки разговор как-то интересней. А то начнёшь водку пить и забудешь, о чём поговорить хотел, — улыбнулся он.

— Ваша правда! — улыбнулся в ответ Никита Михайлович.

Иван Андреевич сначала чувствовал себя немного неуверенно. Но через какое-то время всем нам казалось, что мы давно знаем друг друга.

— А где вы сегодня успели побывать? — поинтересовался он.

— На Бородинском поле и в некоторых деревнях вокруг него, — сказал Никита Михайлович.

— Памятники смотрели? — Иван Андреевич посмотрел на нас и продолжил: — Тут памятников много! Говорят, почти полсотни. В Военно-историческом музее были?

Земли Государственного Бородинского военно-исторического музея-заповедника

— Нет, — ответил Никита Михайлович. — Пока нет. Мы... мы сегодня само только поле и вокруг него смотрели. В деревне Горки были. Холм там видели, на котором находился штаб Кутузова. Там ему ещё памятник стоит. Слушайте, мы на холм поднялись, я посмотрел и удивился: почему здесь пункт был, ведь поле отсюда почти не видно!

— И с пункта Наполеона ничего не видно, — сказал брат хозяйки. — За полем никто не смотрит. 200 лет прошло! Много деревьев выросло.

— Памятников здесь много. Когда они появились, не знаете?

— В 1912-ом, Никита Михайлович. К столетию сражения, — ответила Татьяна Андреевна. — Нам наш дед говорил, что деньги на них собрали солдаты и офицеры русской армии. Помнишь, Ваня?

— Помню. Но там есть и памятники советским солдатам, которые воевали здесь в 1941-ом и 42-ом. Например, недалеко от станции Бородино.

— Это рядом с памятником Кутузову? — спросил я.

— Да, — ответил Иван Андреевич и задал вопрос: — Колоцкий **монастырь** видели? Нет? Он находится километрах в 10 от деревни Шевардино. Его построили в XVI веке при Иване Грозном[1]. В одной из частей монастыря сейчас школа. А в селе Глятково были? А видели там начало Москвы-реки?

— Видели.

— Молодцы, что видели.

— Ваня, помнишь, в 1962-ом тоже что-то строили, когда к **юбилею** готовились?

— Помню, конечно. Я строительные **материалы** возил в село Бородино для ремонта церкви Рождества Христова. От церкви почти ничего не осталось... Страшно смотреть на неё было.

— Фашисты? — тихо спросил Никита Михайлович.

— Мы сами! — резко ответил он.

— Как сами? — не понял я.

— Сами! Своими руками! Лет через десять после Отечественной[2] получили приказ **коровники** строить. Приказ дали, а кирпича нет... Где его взять? Вот и стали брать церковный...

— А что сейчас с церковью? — задал вопрос Никита Михайлович.

— Сейчас она красавица! В 2002-ом полностью отремонтировали её, — ответил, улыбаясь, брат Татьяны Андреевны.

— Гастарбайтеры делали? — спросил я.

Спасо - Бородинский монастырь

89

Татьяна Андреевна с братом с удивлением посмотрели на меня.

— Нет, конечно! Зачем гастарбайтеры? — сказал Иван Андреевич. — Свои! Из разных городов много людей приезжало помогать строителям. Ну и те, кто здесь живёт, конечно, помогали.

— А расскажи, Ваня, про старые карты, — попросила хозяйка.

Комментарии

[1] Иван Грозный (1530–1584) — Великий князь Московский и Российский (1533–1584), первый царь всей Руси (1547–1575; 1576–1584).
[2] Отечественная — зд.: о Великой Отечественной войне 1941–1945 гг.

33

— В 1962-ом, как я говорил, — начал Иван Андреевич, — я возил кирпич в село Бородино. Со мною часто ездил один учёный из Москвы. Хороший такой человек. Умный. Очень образованный. Так вот, он мне показывал старую карту Бородинского поля. На этой карте было 14 братских могил[1] 1812 года! Но мы, кто здесь жил, ничего о них не знали...

— Как не знали? — удивился я.

— Они были только на карте... На поле видны были только братские могилы Великой Отечественной. Вот на них поставили памятники советским солдатам.

— А ты расскажи, что ему сказали про памятники тем, кто здесь погиб в 1812-ом, — попросила Татьяна Андреевна брата.

— Ну, во-первых, сказали, что Бородино — Поле Славы, а не **кладбище**. Хотя, если оно Поле Славы, то здесь должно лежать много народа. И русского, и французского. А во-вторых, этот московский учёный говорил, что в Кремле[2] по-разному относятся к тем, кто погиб здесь в 1812-ом, и к тем, кто в 1941–42-ом.

— Почему? — не понял я.

Бородино. Можайский рубеж обороны.
Братская могила. 1941 г.

— Одни сражались за царя, а другие — за советскую власть! — объяснил Никита Михайлович. Я не знал, что сказать и спросил:

— А что сейчас на месте братских могил 12 года?

— А ничего. Эту землю под дачи продают, — ответил Иван Андреевич.

— Ты так не говори. Есть три братские могилы, и есть несколько таких, где похоронен один человек. Расскажи, Иван, про Багратиона.

— Про Багратиона? Как его три раза хоронили? Хорошо. В 1837-ом стали делать памятник на месте, где была **батарея** Раевского[3]. Через два года решили перенести тело Багратиона и похоронить его второй раз — рядом с эти памятником.

— А где раньше был похоронен Багратион? — задал вопрос Никита Михайлович.

— Во Владимирской области, в селе Симы. Раненого, его привезли в дом родственников. Там он и умер. Там, в Симах, его и похоронили. Так вот... Его тело привезли сюда и во второй раз похоронили. На могилу положили **бронзовую плиту**,

Н.Н. Раевский

Могила П.И. Багратиона на батарее Раевского

сделанную из французского оружия. В 1932-ом стране нужен был чугун. Металл весь взяли. Памятник и могилу Багратиона **уничтожили.**

— Почему? — удивился я.

— Потому что он был царским генералом! А в 1932-ом со всех памятников Бородинского поля сняли все символы царской власти — **орлов, короны, кресты.**

— *Ничего себе! Это же ваша... наша история! Как это может быть?!* — не понял я.

— У нас всё может быть... В 1985-ом пямятник стали реконструировать, а с ним и могилу Багратиона. Нашли плиту, ограду... и... что осталось от генерала похоронили в третий раз...

— Вы говорите, землю под дачи продают... Так ведь нельзя в таких местах строить... — тихо сказал я.

— Нельзя! Сейчас мало кто об этом думает! И не сегодня это началось. В Можайске была Троицкая церковь. Вокруг неё — кладбище. В 1941-ом церковь убрали. В 1964-ом на этом месте Дом культуры[4] построили... А сегодня уж внуки этих строителей тут командуют.

Комментарии

[1] Братская могила — могила, в которой похоронили много людей, которые погибли или умерли в результате войн, голода, массовых болезней и т. д., часто безымянная.

[2] В Кремле — зд.: в правительстве.

[3] Н.Н. Раевский (1771–1829) — русский полководец, герой Отечественной войны 1812 года, генерал от кавалерии.

[4] Дом культуры — культурный и просветительский центр, в котором находятся народные университеты, библиотеки, кружки и т. д.

ВОПРОСЫ К ГЛАВЕ 6А

32

1. Кто и зачем пришёл в гости к Татьяне Андреевне вечером второго дня?

Как объяснил этот человек то, что он не пьёт?

Какие отношения были между этим человеком и гостями из Петербурга?

2. Что рассказал Никита Михайлович о том, как он и Серж провели день?

3. Что нового узнали гости от хозяев о памятниках истории России?

Как изменилось Бородинское поле за 200 лет? Почему?

Что произошло с церковью Рождества Христова? Кто её восстанавливал?

33

1. Что было указано на карте московского учёного? Почему люди, жившие в этих местах, ничего об этом не знали?

2. Почему в Кремле по-разному относились к погибшим в 1812-ом и в 1941–42-ом годах? Выразите свое отношение к этому.

3. Почему Багратиона хоронили три раза?

4. Что произошло с захоронениями 1812 года в 1932 году? Почему? Выразите своё отношение к этому.

5. Почему люди иногда неуважительно относятся к своей истории?

Б. Смоленск

34

— Иван Андреевич, а семья моего папы из Смоленска, — неожиданно сказал я.

— Так ты — наш? Татьяна, так он наш! **Земляк!** Молодец, что на землю отцов приехал! Какой же ты молодец! Татьяна сказала мне, что ты материал для диссертации собираешь. Молодец! — обрадовался Иван Андреевич. — А ты знаешь, как наши деды Смоленск французам отдавали? Не знаешь? Рассказать?

— Конечно. Мы с удовольствием послушаем, да, Никита Михайлович? — я посмотрел на Никиту Михайловича.

— С огромным! Всё! Всё рассказывайте, что знаете. В гостинице, как я понимаю, нам бы никто и ничего об этом рассказывать не стал. А тут... Видно, судьба у нас такая. Судьба узнать, что было в 1812-ом в Смоленске, в котором, возможно, тогда жили родственники нашего француза, — сказал он.

Иван Андреевич внимательно посмотрел на Никиту Михайловича и начал:

— 1812 год. Почти вся Европа стала Европой Наполеона. В его Великой армии было 678 тысяч солдат и офицеров, которые контролировали территорию от реки Неман до реки Рейн и от Балтийского моря до Альп. И вот он решил пойти на Россию, взял с собой почти полмиллиона лучших солдат Европы. Позже подошли ещё 140 тысяч. 24 июня войска Наполеона перешли реку Неман и вошли в Россию. Вообще-то, Наполеон не хотел идти на Москву. Он думал быстро **окружить** армии Барклая-де-Толли и Багратиона и уничтожить их. Он был уверен, что после этого Александр подпишет с ним договор о мире.

— А почему тогда Наполеон дошёл до Москвы? — удивился я.

— Судьба. Русских окружить не удалось. Они хитро двигались. Вскоре французы плохо понимали, где находятся русские и куда им самим идти. Кроме этого, Наполеон серьёзно **поссорился** с младшим братом — Жеромом. Брат императора четыре дня стоял со своими солдатами на месте. За это время русские смогли уйти от границы далеко на восток. Поэтому братья поссорились. Жером взял своих солдат и пошёл назад, на запад. Наполеону дальше на восток идти не хотелось. Но что делать... Он не мог вернуться без победы. Это стало его первой ошибкой. К несчастью для него, 3 августа у Смоленска **соединились** армии Барклая и Багратиона. Наполеон со своей армией подошёл к Смоленску 16 августа. Взять город должны были около полусотни тысяч французских солдат и офицеров.

— А сколько русских защищало Смоленск? — спросил я.

Памятник защитникам Смоленска в войне 1812 г.

— В три раза меньше. Ими командовал знаменитый генерал Раевский. Барклай послал ему на помощь ещё 15 тысяч человек.

— 50 тысяч французов против 30 тысяч русских? — **воскликнул я.**

— Вообще-то, французов было даже маловато. Обычно солдат, которые наступают, должно быть в четыре раза больше солдат, которые защищают.

— Сколько же дней русские защищали город?

— Два дня. Наполеон вошёл в Смоленск 17 августа.

— Генерал Раевский и его солдаты погибли?

— Нет. Барклай сохранил их. Он приказал им оставить город. В битве за Смоленск было убито около 6 тысяч русских, а французов — в три раза больше. Эта битва стала маленькой победой русской армии.

— Не понимаю. Почему победой? Ведь город стал французским, — спросил я.

— Смотри сам. Наполеон родился 15 августа. Один из его генералов очень хотел подарить ему на день рождения Смоленск.

— Почему? — я посмотрел на Ивана Андреевича.

— Смоленск — ключ к Москве. Но подарка не получилось. Во-первых, французы вошли в Смоленск после дня рождения своего императора. А во-вторых, все жители (их тогда было тысяч 10) ушли из города. Ушли и не оставили врагу ничего. А когда уходили, ещё и **подожгли** город. Смоленск почти весь сгорел. Этого французы не ждали.

— А чего же они ждали? — поинтересовался я.

— Ну, они, наверное, ждали, что их встретят как героев, которые принесли с собой свободу. А их встретили только **печёные** яблоки на яблонях. Всё это было плохим знаком...

В. Денисов.
Въезд Наполеона на Соборную гору в Смоленске

— Серёжа, а про Смоленскую икону Божьей Матери ты знаешь что-нибудь? — спросила меня хозяйка.

— Нет...

— Я как-то слышал, что пять великих икон Божьей Матери охраняют Россию, — сказал Никита Михайлович и добавил: — Но вот какие — не помню...

— Тихвинская — охраняет нас с севера, — ответила Татьяна Андреевна. — Иверская — с юга. С запада — Смоленская. С востока — Казанская. В центре — Владимирская Божья Матерь.

— Смоленская? Что за Смоленская? — спросил я.

— В XI веке император Византии[1] выдал замуж за русского князя дочь и дал ей с собой икону Божьей Матери. Она стала символом близких отношений Константинополя и Руси. Россия тогда называлась Русью. Потом, уже в XII веке, русский князь Владимир Мономах построил в Смоленске церковь и передал туда эту икону. Говорят, что в 1239 году она спасла город от татарского хана Батыя[2]. После этого её стали очень любить и уважать. В начале XV века смоленский князь подарил эту икону московскому князю в знак дружбы. Вскоре Смоленск стал литовским городом. Прошло 110 лет. Жители Смоленска пошли в Москву и попросили князя вернуть им их икону.

— Вернуть или продать? — поинтересовался Никита Михайлович.

— Вернуть.

— Вернул? — всё не мог успокоиться Никита Михайлович.

Икона Смоленской Божьей Матери (современная копия)

— Вернул. Икону вынесли из Кремля, потом жители Смоленска шли с ней по Старой Смоленской дороге. Пришли к границе и долго **молились** иконе. Затем икону **тайно** перевезли в Смоленск.

— И что, помогло? — спросил Никита Михайлович.

— Хочешь — верь, хочешь — нет, но литовцы ушли из города. Смоленск снова стал русским.

Комментарии

[1] Византия — Римская империя (395—1453) со столицей в Константинополе (ныне Стамбул).

[2] Хан Батый (ок. 1209—1255/1256) — монгольский полководец и государственный деятель, внук Чингисхана. Хан — глава государства в Древней Монголии.

36

— А где была Смоленская икона Божьей Матери в 1812 году? — спросил я Татьяну Андреевну.

— В Смоленске и была. Когда стало известно, что Наполеон идёт с войной на Россию, икону опять привезли в Москву. С нею и ещё с Иверской и Владимирской иконами обошли вокруг Кремля. А когда стало понятно, что Москву отдадут французам, самые ценные иконы увезли в Ярославль[1]. А после войны наша икона опять вернулась в Смоленск.

— А сейчас она там? — задал вопрос Никита Михайлович.

— Нет. В 1929-ом собор закрыли. Икону оставили в храме. В 41-ом город взяли фашисты. Они нашли икону. Что с ней стало — никто не знает. С 1943-ого её никто больше не видел...

— А где другие иконы Богоматери, о которых вы говорили? — спросил я.

— Казанская раньше была у вас в Петербурге, в Казанском соборе. В 1904-ом её кто-то украл. Потом кто-то сообщил, что она сгорела. Теперь в соборе её копия. Казанская икона — икона особая! Её первой **внесли** в Москву, когда столицу от поляков освободили. Это случилось 4 ноября 1612 года.

— Так это поэтому у вас теперь праздник 4 ноября?[2]

— Ну да. Тихвинская икона находится под Петербургом, в Тихвинском монастыре. Во время войны фашисты увезли её сначала в Псков[3], потом в Латвию, а потом — в США, в Чикаго[4]. А в 2004-ом её вернули в Тихвинский монастырь. Теперь Владимирская. Она сейчас в Москве, в церкви при Третьяковской галерее. Ну а Иверская как была с XI века в Греции, в Афонском монастыре, так там и есть.

— Кажется, во время Отечественной войны Сталин приказал **облететь** с какой-то иконой Мо-

Тихвинская икона Божьей Матери

скву? — улыбнулся Никита Михайлович.

— Не надо смеяться. Может, правда, может, нет, а в народе говорят, когда фашисты подошли близко к Москве, Сталин приказал облететь три раза Москву с Тихвинской иконой Божьей Матери. Это было в декабре 1941-ого. А в 1942-ом — с Владимирской иконой облетели Сталинград. И Ленинград тоже облетали.

— И что? — я не мог не улыбнуться.

— Улыбайся-улыбайся! А Москву-то не взяли и Ленинград не взяли, а после Сталинграда вообще стало понятно, что Гитлеру нас не победить!

Я смотрел на Татьяну Андреевну и думал: «Она прожила трудную жизнь. Ей уже за 80. Пенсия маленькая. Хорошо, что дети помогают. Хорошо, что у Ивана Андреевича есть старая машина, и он привозит себе и ей продукты из Можайска.

Всю жизнь прожила в этой деревне. Дальше Москвы не ездила. Один раз, правда, ездила на юг, в Сочи, отдыхала там на море. Что у неё сегодня есть? **Вера** и прошлые победы её народа...»

Комментарии

[1] Ярославль — один из старейших (более 1000 лет) русских городов, находится на Волге.

[2] 4 ноября — в этот день, начиная с 2005 г., отмечается российский государственный праздник День народного единства.

[3] Псков — город на северо-западе России.

[4] Чикаго (англ. Chicago) — город в США.

ВОПРОСЫ К ГЛАВЕ 6Б

34

1. Как Иван Андреевич отнёсся к тому, что семья отца Сержа из Смоленска?

2. Какой была Европа к 1812 году? Какая армия была у Наполеона? Почему Наполеон не планировал идти на Москву? Почему он всё-таки пошёл войной на Россию?

3. Какими силами французы брали, а русские защищали Смоленск? Какое соотношение сил должно быть при взятии города?

Сколько человек погибло при взятии Смоленска?

4. Как обычно встречали французскую армию во взятых ею городах Европы? А как встретил Смоленск? Почему?

Почему Смоленск стал маленькой победой русской армии?

35

1. Сколько и каких великих икон охраняют Россию?

2. Какая икона спасла Смоленск от хана Батыя и литовцев?

1. Что делали на Руси с иконами, когда враг подходил к городу? Почему?

2. Что случилось с иконой Смоленской Божьей Матери?

3. Почему Казанская икона Божьей Матери считается особой иконой? Где она сейчас находится?

Что вы узнали о Тихвинской, Владимирской и Иверской иконах Божьей Матери?

Что приказал сделать Сталин с этими иконами во время войны 1941—1945 годов?

4. Почему день 4 ноября стал национальным российским праздником? Как называется этот праздник?

5. Что думал Серж о Татьяне Андреевне? Выразите своё отношение к его мнению.

Глава 7
ПО ДЕРЕВНЯМ

37

Утром ко мне подошла Татьяна Андреевна и сказала:

— Серёжа, я сразу поняла, что вы сюда приехали землю покупать. Ты, я вижу, человек хороший. И Никита Михайлович — хороший. Только... Только для него, как и для многих, деньги сегодня — главное. Я вижу, что ты другой... Тебе, конечно, решать, покупать здесь землю или нет. Только ты сто раз подумай. Вот, может, тебе бы с Николаем поговорить...

— С каким Николаем? Кто он такой?

— Николай — внук моей сестры. Работает в нашем музее. Он в Москве учился. Получил диплом учителя истории. Детей в школах нет. Хорошо, что нашлось место в музее. Он в большом городе жить не хочет. Говорит: «Где родился, там и **сгодился**».

— Сгодился? — не понял я.

— Ну, нужным стал, — объяснила она и продолжила: — Много тебе интересного может рассказать. Пригласить его? Мне кажется, у тебя вопросы появились.

— Появились... Когда он сможет прийти, Татьяна Андреевна?

— Да сегодня вечером.

— Никита Михайлович, думаю, не будет против? — улыбнулся я.

Весь день я опять ездил с Никитой Михайловичем по деревням. Если я видел памятник или что-то похожее на него, то просил остановить машину и выходил. Вчера мы смотрели на памятники только из машины.

Я думал: «Когда ты мало знаешь о чём-нибудь, тебе это кажется неважным и неинтересным. А вот когда ты что-то узнаёшь, то хочется узнавать ещё и ещё. Начинаешь смотреть на это другими глазами и, главное, думать». Ещё я думал о том, какие вопросы я задам Николаю. Зачем всё это мне было нужно, я не знал... Но внутри у меня было какое-то странное волнение.

А вот Никита Михайлович точно знал, что и зачем он должен делать. Он очень серьёзно подготовился к поездке. У него с собой была толстая тетрадь. В этой тетради были названия мест, которые ему надо было посмотреть. В ней он записывал цену на землю, имена тех, с кем познакомился, места, где ещё ничего не строили, и многое другое. Он был похож одновременно на агента 007[1] и на агента Джонни Инглиша[2].

Комментарии

[1] Агент 007 — Джеймс Бонд (англ. James Bond) — секретный суперагент (герой книг Я. Флеминга).

[2] Джонни Инглиш (англ. Johnny English) — герой кинокомедии, пародии на секретных суперагентов и, прежде всего, на Джеймса Бонда; «гроза арабов, французов, старушек и котов».

Джонни Инглиш

38

В одной из деревень мы познакомились с Лидией Павловной — бывшей учительницей русского языка и литературы одной из местных школ. Мы подъехали к ней и спросили, как проехать к одному из мест, которые хотел посмотреть Никита Михайлович. Она объяснила, а потом поинтересовалась:

— А вы не будете проезжать мимо Спасо-Бородинского монастыря? Мне бы туда.

— Будем. Но перед этим заедем в два места. Там дел минут на пять. Если не спешите, то садитесь. Дорогу нам будете показывать. И вам хорошо, и нам неплохо, — улыбнулся Никита Михайлович.

— Поехали! Маршрутки у нас ходят редко. Лучше ехать, чем стоять и ждать, правда? — сказала она и весело добавила: — С удовольствием всё покажу и всё расскажу, что знаю.

*Игуменья Мария
(М.М. Тучкова)*

По дороге она рассказала историю этого монастыря.

— Спасо-Бородинский женский монастырь — памятник великой любви, — начала она. — Его построила Маргарита Михайловна Тучкова — жена генерала Александра Алексеевича Тучкова. Его ещё называли «Тучков-четвёртый».

— Почему? — не понял я.

— Их было четверо братьев. И все генералы. Трое из них участвовали в Бородинском сражении. Двое погибли там. Один из погибших братьев был мужем Маргариты Михайловны. В конце октября, когда французская армия стала уходить из Москвы в Европу, Маргарита Михайловна решила поехать на поле, чтобы найти тело мужа и похоронить его.

— И она нашла его? — спросил я.

— Искала... Друг её мужа показал на карте место, где тот погиб. То, что она увидела на поле, было ужасно! **Десятки** тысяч людей лежали на земле. Лежали уже полтора месяца... Это поле было страшным полем смерти. Она всю ночь ходила со старым священником и искала мужа. В эту ночь она прошла почти 10 километров, но так и не нашла его...

— Неужели так его любила? — не поверил Никита Михайлович.

— Да. И он её. Говорили, что он был очень красив, и талант у него был не для военного дела, а для науки или литературы.

— А почему тогда он стал военным? — спросил я.

— Все Тучковы всегда были военными. Когда Тучков-четвёртый увидел Маргариту, она уже была замужем. Но счастья в её семье не было, поэтому она ушла от своего первого мужа. Четыре года Александр Алексеевич ждал Маргариту, потому что её родители были против того, чтобы они стали мужем и женой. Знаете, когда она стала его женой, она всегда была рядом с ним. Во всех военных **походах**.

— Женщина в армии? — удивился Никита Михайлович.

— Да. Она ходила в мужском костюме. В одном из таких походов в дороге у них родился сын. Это было в 1811 году.

Никита Михайлович засмеялся и воскликнул:

— А я-то думал, что 100 лет назад люди жили правильно и скучно!.. А почему она не была с ним во время Бородинского сражения?

А.А. Тучков

— После того как французам отдали Смоленск, генерал понял, что скоро будет очень серьёзное сражение. Поэтому он отправил жену и маленького сына в Москву.

— Лидия Павловна, мы сейчас здесь остановимся, мне на минутку. Вы, пожалуйста, без меня ничего не рассказывайте, — попросил Никита Михайлович, вышел из машины и быстро пошёл к строителям.

39

Когда Никита Михайлович вернулся, Лидия Павловна продолжила:

— Особенно страшными были на поле два места: Шевардинское **укрепление** и батарея Раевского. Как только Тучкова вернулась в Москву, она решила поставить на свои деньги памятник на поле.

— Мужу? — спросил Никита Михайлович.

— Да, и всем тем, кто там погиб. На месте гибели мужа Маргарита Михайловна начала строить церковь.

Сражение за Шевардинское укрепление

— А почему здесь, а не в другом месте? — поинтересовался Никита Михайлович.

— Говорят, что на этом месте она нашла палец мужа. Узнала его по кольцу, которое было на нём.

— А когда церковь построили? — задал я вопрос.

— В 1820-ом. В церкви она поставила крест. И день и ночь у этого креста горел огонь. Огонь памяти. Эта церковь стал первым здесь памятником.

— А что было дальше?

— В 1826-ом у неё случилось ещё одно огромное горе — умер единственный сын. Сына она похоронила в церкви. Потом построила рядом с церковью небольшой дом и стала жить в нём.

— Какая судьба! — произнёс я и тут же подумал: «Неужели и я стал использовать это слово? Да... Но как ещё сказать?..»

— Ой, и не говорите! Такой судьбы и врагу не пожелаешь!.. Я думаю, ей помогло то, что она решила уйти в монастырь и сама начала строить монастырь.

— На чьи деньги? — быстро спросил Никита Михайлович.

— На свои.

— А откуда у неё было так много денег?

— Она продала всё, что у неё было, — деревни, дома. А когда император Николай I узнал о её решении, он стал помогать ей деньгами. Она ни копейки не взяла себе из этих денег, всё в монастырь отдала.

— На что же она тогда жила? — не мог успокоиться Никита Михайлович.

— На пенсию, которую получала как вдова героя войны. А потом к ней в монастырь стали приезжать женщины, мужья которых погибли на войне. В 1849-ом она стала во главе этого монастыря.

— А что здесь было в советское время? — поинтересовался я.

— После 1917 года здесь жили около 300 сестёр. В 1929[1] году монастырь закрыли. Открыли там школу и общежитие. Во время войны в монастыре был госпиталь, а после — станция, на которой **ремонтировали** машины и тракторы...

— Представляю, какие слова слышали стены этого женского монастыря! — сказал Никита Михайлович. — Но теперь-то там монастырь?

— Да. Его снова открыли в 1992-ом... Здания сохранились, а вот из того, что было внутри, ничего не осталось... Большую ошибку сделали большевики, когда начали разрушать святые места. Если бы не это, мы бы сегодня другими были...

— Да-а-а, — сказал Никита Михайлович, — одно место... Всего только одно место, и какая история!.. И сколько таких историй по всей нашей стране!..

Комментарий

[1] 1929 год — зд.: монастырь был закрыт в результате активной борьбы с религией (в СССР основой государственной идеологии были марксизм-ленинизм и атеизм).

ВОПРОСЫ К ГЛАВЕ 7

37

1. Что Татьяна Андреевна сказала Сержу утром? Как это её характеризует?

Кого и зачем она предложила пригласить вечером?

2. Докажите, что Сержу стало интересно то место, куда его привёз Никита Михайлович.

3. О чём думал Серж, когда ездил с Никитой Михайловичем по деревням?

4. Почему Серж чувствовал какое-то странное волнение?

5. Дайте оценку тому, как Никита Михайлович подготовился к поездке.

38

1. Кто такая Лидия Павловна? Как с ней познакомились гости из Петербурга?

2. Почему Никита Михайлович согласился подвезти её до Спасо-Бородинского женского монастыря?

3. Кто и когда построил Спасо-Бородинский монастырь?

4. Расскажите, что вы узнали о Маргарите Михайловне Тучковой и её муже.

Почему Маргарита Михайловна не была рядом с мужем во время Бородинской битвы?

5. Почему Спасо-Бородинский монастырь считается памятником великой любви?

39

1. На чьи деньги и кому Тучкова поставила памятник на Бородинском поле? Что ещё она стала строить на месте гибели мужа?

2. Почему Маргарита Михайловна стала жить рядом с церковью?

Как там появился женский монастырь?

3. Лидия Павловна думает, что вера делает людей другими. Вы согласны? Согласны ли вы с её точкой зрения? Аргументируйте ответ.

4. Какое слово (неожиданно для себя) использовал Серж, думая о жизни Тучковой? Почему?

5. Какое впечатление произвела история М.М. Тучковой на Никиту Михайловича?

Глава 8
НИКОЛАЙ

А. Наполеон и Александр I

40

Вечером пришёл Николай. Он был очень похож на господина Сислея — моего профессора из Сорбонны. Студенты всегда ходили на его лекции. Может быть, поэтому общаться с ним мне было очень легко, как будто это был человек, которого я давно знал. Да и вообще, люди, которых я встречал в деревнях, были удивительно милыми и какими-то родными.

Мы сели за стол. Татьяна Андреевна принесла ужин. Начался разговор, которого я так ждал. Никите Михайловичу, я думаю, он тоже был интересен.

— Коля, знакомься, это Серёжа, это Никита Михайлович. Иван вчера рассказывал нашим гостям о том, как Наполеон взял Смоленск. Папа Серёжи из Смоленска, — начала Татьяна Андреевна.

— Понятно... А ведь Наполеон не хотел брать Смоленск, — заметил Николай. — И Москвы в его планах не было. Он вообще не хотел идти в Россию. Когда французы всё-таки взяли Смоленск, император Франции предложил нашему царю мир. А Александр

Александр I

неожиданно отказался. В письме своей матери он написал: «Дойду до Камчатки¹, но мира не подпишу!»

— Тогда почему же Наполеон всё шёл и шёл к Москве? — спросил я.

— Он не мог остановиться.

— Почему? — не понял я.

— Сейчас расскажу, если интересно.

— Интересно. И ещё. Какая кошка пробежала между Александром и Наполеоном, они же после Тильзитского мира² почти друзьями стали? — задал Никита Михайлович вопрос, на который я не смог ему ответить.

— Начнём с того, что Александр очень не любил Наполеона.

— Почему? — не понял я.

— Сами смотрите. Александр стал императором в 1801-ом по праву рождения. Наполеон сам сделал себя императором. Александр получил армию, которая не проигрывала с XVIII века. Наполеон же сам создал лучшую армию в Европе, если не в мире. Наш царь получил огромную территорию от отцов и дедов. Французский император новые территории взял сам. В войнах 1805–1807-ого Наполеон побеждал, а Александр проигрывал. А ещё... — улыбнулся Николай. — Тёща (ну мать жены) Александра как-то съездила в Европу, а потом постоянно, везде и всюду только и говорила всем, какой Наполеон великий несмотря на свой невеликий рост.

— Вот дура! Так же можно сделать мужа дочери своим врагом! — воскликнул Никита Михайлович.

— Она его не своим врагом сделала, а врагом Наполеона. Александру не нравилось, что Наполеон сделал себя императором, что приказал убить одного из родственников нашего царя. Не нравились его **реформы** в Европе. Не нравилось, что он начал готовиться к войне с Англией. Не нравилось, что он не женился на сестре Александра, а взял в жёны австрийскую **принцессу**.

— И что?.. — спросил я.

— Царь стал дружить с врагами Франции. Прежде всего, с Англией. Узнав, что Наполеон начал готовиться к войне с ней, он тоже начал готовиться к войне с Францией. В 1805-ом Александр создал союз с Англией, Австрией, Швецией и Сицилией (она тогда была отдельным государством). Этот союз должен был защищать Пруссию, Швейцарию, Голландию и Италию. Союз должен был только защищать, но Александр сделал всё, чтобы он начал войну с Наполеоном.

— А кому это было нужно? — спросил я.

— А никому, — ответил Николай. — Александр хотел показать, что Россия — великая и сильная страна, а он её император.

— Показал? — снова задал я вопрос.

— Нет... Вместе с австрийским императором в 1805-ом проиграл сражение под Аустерлицем. Это была катастрофа! Ведь русские не проигрывали с XVIII века! В России каждый мечтал о том, чтобы мир снова увидел и почувствовал силу русского оружия!

— И что сделал царь? — поинтересовался я.

— В 1806-ом организовал новый союз. В неё вошла и Пруссия.

— А Наполеон? — спросил Никита Михайлович.

— Он хотел союза с Россией и предлагал России мир.

— Зачем?

— Наши страны были самыми большими в Европе. В них жило по 30 миллионов человек. Наполеон думал, что вместе мы сможем реформировать Европу. А Александр Наполеону не верил. Он был уверен, что Наполеон хочет стать хозяином мира.

Комментарии

[1] Камчатка — полуостров в северо-восточной части России в районе Тихого океана; самый дальний от столицы район.

[2] Тильзитский мир — мирный договор (1807 г.) между Александром I и Наполеоном I Бонапартом в Тильзите (ныне город Советск в Калининградской области) после войны (1806–1807), в которой Россия помогала Пруссии.

— А дальше? — спросил Никита Михайлович.

— Дальше? Наполеон за пять дней уничтожил всю армию Пруссии. А русская армия побежала, бросив своих раненых, убитых, французских **пленных, пушки**... 28 октября 1806 года Наполеон на белом **коне** въехал в Берлин. Русские в это время были в прусской части Польши.

— И что дальше? — Никита Михайлович посмотрел на Николая.

— Вот и Наполеон думал: «И что дальше?» Он ехал по Берлину, но не знал, что делать дальше. Ведь он правда хотел мира с Россией. Но он знал и то, что Польша (которую недавно поделили Пруссия, Россия и Австрия) очень ждёт его. Ждёт и надеется, что он поможет ей снова стать независимой. А ещё Наполеону нужны были новые территории для подготовки войны

Тильзитский мир

с Англией. Войти в Польшу означало **формально** войти на территорию России. О территориях можно было договориться или...

— Что «или»?

— ...Или начать воевать за них. Когда в 1806-ом Наполеон въезжал в Берлин, он решил уничтожить прусскую армию и дать России урок. Он был уверен, что после этого урока Россия быстро подпишет договор о мире. Ещё он думал что, возможно, восстановит Польшу как независимое государство. Ну, не всю, но хотя бы ту её часть, которая была под Пруссией. Итак, Наполеон взял Берлин, а через месяц уже был в Варшаве.

— Так быстро? — удивился я.

— Да. Польша встречала императора Франции с радостью. С такой радостью, что Наполеон понял: «Будет война с Россией!» Потому что если ты сказал А, то надо говорить и Б, и В и так далее.

— Что это значит? — поинтересовался я.

— Наполеон не мог остановиться у Одера[1]. Он не мог не замечать, что Пруссия собирает новую армию. Он не мог не слышать польских союзников и не помочь тем полякам, которые сражались рядом с ним. Знаете, что он решил сделать? Он вошёл на территорию Польши и решил идти до конца. В 1807-ом на карте появилось Герцогство Варшавское. Оно существовало до 1813-ого, а в 1815-ом бо́льшая его часть вошла в состав России.

— А когда же Польша снова стала независимой? — спросил Никита Михайлович.

— Только через 100 лет. В 1918-ом. Тогда, когда в России произошла революция, а потом началась Гражданская война и в России было уже не до Польши...

Комментарий

[1] Одер — река в Чехии, Польше и Германии, граница Польши и Пруссии.

42

— А что за армия была у Наполеона? — спросил Никита Михайлович.

— Большая и разнообразная. Среди солдат Наполеона были не только французы, но и австрийцы, пруссаки, швейцарцы, поляки, итальянцы, португальцы, испанцы... Большинству из них было года 22–23.

— А как же он собрал такую армию? — поинтересовался Никита Михайлович.

— Со всей южной Европы люди шли к Наполеону в Париж, потому что он стал для них символом удачи и свободы. Из Франции армия пошла в Пруссию, в Польшу и дальше на восток...

— И все они участвовали в Бородинском сражении? — ахнул я.

— Нет. В сражении участвовало 135 тысяч наполеоновских солдат — **пехота, кавалерия** и артиллерия. Был резерв. А ещё 60 тысяч Наполеон оставил в Польше и в Пруссии.

Солдаты наполеоновской армии

— А у Кутузова? — спросил Никита Михайлович.

— На Бородинское поле вышло тоже много солдат. Кроме солдат пехоты, кавалерии и артиллерии, были ещё казаки и около 30 тысяч невоенных, которые строили на поле разные сооружения, а во время боя уносили с поля раненых. Наших было тысяч на 15 больше, чем французов. Кроме этого, у нас было десятков на пять больше пушек.

— А сколько было пушек у Наполеона? — поинтересовался я.

— 587.

Я вспомнил поле, которое видел совсем недавно. Вспомнил и постарался представить такое количество людей с оружием, на конях, да ещё с пушками. И все эти люди должны были убивать друг друга! Сначала представить не получалось. Потом очень невесёлая картинка представилась.

— Ты как? Всё в порядке? — спросил меня Никита Михайлович. — Что-то вид у тебя невесёлый. Устал?

— Нет. Всё в порядке, — ответил я.

— Эх, молодёжь... Ну, если ты устал, то можешь пойти спать, — предложил он.

— Да я в порядке, — повторил я.

— Ладно-ладно... — он внимательно посмотрел на меня и задал новый вопрос: — Николай, ты не знаешь, сколько же километров прошли солдаты Наполеона до России?

— Почти 2,5 тысячи километров! И каждый нёс более 30 килограммов груза. Одежда, оружие, военная сумка... Сумка весила килограмм 6—7. Проходили около 30 километров в день: 50 минут шли и 10 отдыхали. Иногда проходили и 50 километров. Пока отдыхали — курили.

— Откуда вы знаете, что они курили? — улыбнулся я.

Я думал, что Николай не сможет ответить на вопрос, откуда ему известно, что солдаты Наполеона курили. Но он спокойно ответил:

— В Вильнюсе изучали могилы французских солдат. У всех была только половина верхнего третьего зуба. Знаете почему? Из-за того, что курили.

— Коля, я не поняла, — сказала Татьяна Андреевна. — Если человек курит, то у него зубы жёлтые и плохие. Но это не значит, что у него нет половины третьего верхнего зуба!

— Так они же не сигареты курили. У каждого была деревянная трубка. Эта **трубка** и «съедала» зуб, — улыбнулся Коля.

— А откуда ты знаешь про эти могилы в Вильнюсе? — спросил Никита Михайлович.

— По телевизору недавно показывали фильм. Называется «Момент истины: армия Наполеона».

— Да-а-а... Идти столько километров за человеком, зная, что он тебя ведёт на смерть... — сказал Никита Михайлович.

Могилы наполеоновских солдат в Вильнюсе

— Солдаты землю целовали, по которой ходил Наполеон. А ещё они говорили, что если император скажет им: «Взять Луну!» — то они пойдут и возьмут её! Наполеон обещал своим солдатам тёплые квартиры, красивых женщин, а ещё говорил, что Россия — богатая страна и после войны каждый станет богачом. Главное же, он обещал победу в первом же бою. Армия ему верила...

— А что они ели и пили? — спросила Татьяна Андреевна.

— Наполеон приказал взять еды на 50 дней для 200 тысяч человек. 65 тысяч французских солдат на 140 тысячах лошадях везли 28 миллионов бутылок вина и... золотой сервиз Наполеона. Везли еду и для лошадей. При армии были врачи. По приказу Наполеона они подготовили по 33 **перевязки** для каждого. **Умножьте** 200 тысяч на 33!

— Серьёзно подготовился Наполеон! — сказал Никита Михайлович.

— Подготовился... Но сделал одну серьёзную ошибку. Император Франции ошибся в русских. Он думал, что в России будет как в Европе: его будут встречать с радостью. Будут хорошая еда и отдых. А оказалось... Оказалось, что русские города и деревни не встречают его так, как встречали европейские. Русские уходили. И когда уходили, всё **сжигали**. Везде было как в Смоленске. Для армии Франции не было места для сна, не было еды, не было женщин...

— А своей еды им не хватало? — спросил Никита Михайлович.

— Начало и середина лета были очень жаркими. Потом начались дожди. Пехота и кавалерия шли по дорогам. Только это же были русские дороги, они и сейчас не очень, а 200 лет назад... Вот тогда Наполеон и сказал, что...

— Да-да, я слышал. В России не дороги, а направления. И ещё говорят, что в России всегда были две проблемы: дураки и дороги.

— Точно, Серж. Людям было очень трудно даже просто идти по мокрой дороге. Везти же еду — просто невозможно...

— Почему же тогда они всё шли и шли? — удивилась Татьяна Андреевна.

— Армия есть армия. Она шла вперёд с верой в Наполеона и в победу... Несмотря на погоду, дороги и болезни.

44

— А как себя чувствовал Наполеон? — спросил я.

— Тоже неважно. Говорят, что перед Бородинским сражением он простудился, поэтому и результат сражения получился какой-то непонятный. На эту тему Лев Толстой в «Войне и мире» писал. Да ещё этот заяц...

— Заяц? — переспросил я.

— Ну да... Наполеон верил в знаки. Он же был с Корсики. А там сильная вера в знаки и в сны. Так, например, он верил в свою звезду. В ночь на 14 августа 1769 года прусскому королю сообщили, что на небе перед его звездой появилась новая, более яркая звезда. 15 августа родился Наполеон. Французский император знал об этой звезде. Он говорил, что это его звезда, и верил в неё. В его жизни было много опасных событий. Он не сомневался, что эта звезда всегда спасает его.

— А заяц-то при чём? — не понял Никита Михайлович.

— Заяц? Он как чёрная кошка. Всегда к несчастью, если встретишь его на дороге. Наполеон решил войти в Россию через реку Неман. 23 июня он с армией был у этой реки. Наполеон сел на лошадь и поехал посмотреть, где лучше переходить реку. Неожиданно появился заяц. Лошадь **испугалась** и побежала. Император Франции упал на землю. Это был плохой знак. Генералы стали уговаривать Наполеона границу не переходить и войну с Россией не начинать. Французский император их слушать не стал, а только сказал им: «Нельзя отпустить волка, которого держишь за горло». Кстати, перед сражением у Ватерлоо в 1815 году император увидел во сне чёрную кошку. Англичане, как вы знаете, победили под Ватерлоо французов. А чёрный кот у англичан знак удачи.

— Давайте о знаках больше не будем. А когда армия стала переходить Неман? — перевёл я разговор на более интересную мне тему.

— В ночь на 24 июня, почти как фашисты в 1941-ом. И тоже без объявления войны. Реку переходили многими **колоннами**. Но основная часть переходила у Ковно, это литовский город Каунас сегодня. Французские войска подошли к Неману и встали вдоль его западного берега на 400 километров. Фронтом в 400 километров они и вошли в Россию.

— А добрые знаки у Наполеона были? — опять вернулась к старому Татьяна Андреевна.

— Он себе сам придумал добрый знак, — ответил Николай.

— Это как? — не поняла она.

— Рано утром в день сражения на Бородинском поле Наполеон посмотрел на небо и увидел солнце. Император Франции показал на солнце и сказал: «Это солнце Аустерлица!» Ну, значит, опять победим.

— А у Кутузова были какие-то знаки перед Бородином? — спросила Татьяна Андреевна.

— Да. Говорят, знак был. Перед сражением, — ответил Николай.

— Какой? — я посмотрел на него.

— Орёл. Кутузов увидел орла, когда поехал осматривать поле сражения.

— А почему орёл — добрый знак? — поинтересовался я.

— Орёл — птица Бога. Символ победы. А орёл с двумя головами — символ России, — ответила Татьяна Андреевна.

— А почему с двумя? — не понял я.

— Головой двигал, когда фотографировался... — пошутил Никита Михайлович. Николай и Татьяна Андреевна засмеялись. Я тоже улыбнулся. — А если серьёзно, в XV веке один великий русский князь женился на византийской принцессе и сделал византийский царский символ символом Москвы.

— А если орёл — добрый знак, то почему Москву отдали? — спросил я.

— Чтобы сохранить армию для других сражений. Дорогой ценой, но сохранить...

— Понятно. Кутузов увидел орла и понял, что всё будет чики-пуки, — сказал я. Татьяна Андреевна и Николай с удивлением посмотрели на меня, а Никита Михайлович сказал:

— Это у нас с тобой чики-пуки, а у Кутузова... у Кутузова... А у Кутузова всё с Божьей помощью!

ВОПРОСЫ К ГЛАВЕ 8А

40

1. Какое впечатление произвёл Николай на Сержа? Почему? Какими были люди, с которыми Серж встречался в русских деревнях?

2. Какие отношения были у Наполеона и русского императора после Тильзитского мира?

3. Как, по мнению Николая, русский император относился к Наполеону?

4. Почему Наполеону был нужен мир с Россией?

5. Что изменилось в отношениях между императорами России и Франции вскоре после заключения ими Тильзитского мира?

6. Почему сражение под Аустерлицем стало для русских катастрофой? О чём мечтал каждый русский?

7. С каким предложением обратился Наполеон к русскому императору, взяв Смоленск? Почему? Как это предложение принял Александр I? Почему?

41

1. Что сделал Наполеон с армией Пруссии? Как повела себя русская армия?

2. Почему Наполеон решил взять Берлин? Где была армия Александра I, когда Наполеон въехал в Берлин?

3. Почему Наполеон решил идти дальше на восток, после того, как взял Берлин? Как быстро Наполеон взял Варшаву?

4. Почему Наполеон не закончил свой поход на восток на Одере?

5. Когда появилось Герцогство Варшавское? Сколько лет оно существовало? В состав какого государства вошла бо́льшая часть Польши? Когда и как Польша стала независимым государством?

1. Кто служил в армии Наполеона? Почему молодые европейцы мечтали стать солдатами французского императора?

2. Сколько французских солдат участвовало в Бородинском сражении? А русских?

Сколько километров армия Франции шла из Европы до России? Сколько километров в день проходили солдаты?

Сколько пушек (французских и русских) участвовало в этой битве?

3. Что почувствовал Серж, когда представил, сколько во время сражения на поле было людей, лошадей и пушек?

43

1. Откуда Николаю стало известно, что солдаты Наполеона курили во время остановок?

2. Что были готовы сделать солдаты Наполеона ради своего императора?

Что обещал им Наполеон после войны с Россией?

Расскажите, как армия Наполеона подготовилась к походу в Россию.

3. Как встречали русские города армию Наполеона? Какие проблемы из-за этого возникали у французов?

1. Как чувствовал себя Наполеон перед Бородинским сражением?

2. Почему Наполеон верил в знаки судьбы? О каких хороших и плохих знаках рассказывается в тексте?

3. Почему, получив плохой знак, Наполеон всё же перешёл границу с Россией?

4. Почему знак, полученный Кутузовым, считается добрым, хотя его армия пропустила французов к Москве?

5. А вы верите в знаки? В какие и почему?

Б. Подготовка к сражению

Татьяна Андреевна принесла пироги и чай. Я попробовал пирог и подумал: «Если бы она открыла кафе "Русские пироги" в Париже, то у неё было бы много клиентов! Очень вкусно! Никогда не ел таких пирогов». Я сказал ей об этом. Она засмеялась и ответила:

— Серёженька, мне бы тогда в твой Париж надо было бы ехать со своей русской печкой! Да и вода здесь у нас особенная. У вас в Париже другая...

После того как съели пироги, разговор продолжился.

— А вы знаете, что Кутузов был против сражения на Бородинском поле? — спросил Николай.

— Нет. Но сражение всё-таки было! — ответил я.

— Да. Он дал это сражение. Дал, так как понимал настроение своих солдат. Им нужен был этот бой.

— Зачем? — не понял я.

— Надо было вернуть солдатам и генералам веру в себя, веру в русскую армию.

— Но французов же было больше! И тогда, как я понимаю, жизнь русского солдата ничего не стоила... — сказал Никита Михайлович.

— Неправда. И тогда, и сегодня были и есть офицеры, которые думают о своих солдатах. Кутузов знал, что армия Наполеона почти в три раза больше нашей. Но он знал и то, что солдаты Наполеона голодные, что они устали и болеют. Ещё Кутузов знал, что из Москвы должна прийти помощь.

— А кто выбрал место сражения? — поинтересовался я.

— Кутузов. Он же и выбрал расположение армии. Кутузов понимал: французов больше, но силы равны. Ещё он понимал, что сражение будет зависеть от того, как он расположит свою армию. Если вам правда интересно, тогда я нарисую план, чтобы было понятнее.

— Интересно! Очень интересно! — сказали мы с Никитой Михайловичем.

Николай попросил у Татьяны Андреевны лист бумаги и начал рисовать. Рисуя, он объяснял:

— Вот это — Бородинское поле. Правый **фланг** начинался отсюда. От деревень Доронино и Шевардино и от Москвы-реки. Затем он шёл через деревни Бородино и Горки до деревни Малое Село.

— В Горках сейчас строят... А в Малом Селе — не знаю, мы там ещё не были, — сказал Никита Михайлович.

Николай ничего на это не ответил и продолжил:

— Длина правого фланга — около 4 километров. Он шёл по высокому берегу реки. **Высота** берега — от 12 до 20 метров и даже выше! Берег сложный. Подниматься по нему французам было очень трудно. Правый фланг был сильным.

46

— А Новая Смоленская дорога откуда и куда идёт? — спросил я.

— Она вот здесь. С запада на восток идёт через деревни Валуево, Бородино, Горки, дальше на Можайск, а оттуда — в Москву. А вот здесь, южнее, видите? Старая Смоленская дорога. Тут она проходит через лес, а здесь — через Бородинское поле.

— А какое между этими дорогами **расстояние** в районе поля?

— Километра 4. А вот здесь, недалеко от Можайска, они образуют одну дорогу. Эта дорога уже идёт на Москву. Новая дорога шире и лучше Старой. Кутузов сразу понял, что надо умереть, но защитить Новую дорогу.

— А кто командовал правым флангом? — поинтересовался я.

— Барклай-де-Толли. Тут была его 1-ая Западная армия. Около 80 тысяч человек и около 500 пушек.

— А где был левый фланг и кто им командовал? — спросил Никита Михайлович.

— Багратион. Это фланг 2-ой Западной армии. Здесь было чуть больше 30 тысячи человек и 150 пушек. Граница фланга

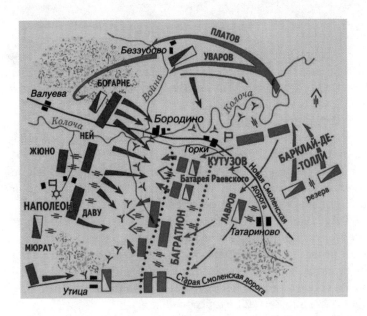

шла от батареи Раевского по Утицкому лесу, — рассказывая, Николай продолжал рисовать, — потом по Старой Смоленской дороге... А здесь деревня Утица. У этой деревни левый фланг заканчивался.

— В Утице, кажется, начинают строить. Мы видели. Да, Серёжа?

— ...Левый фланг был слабый. Укреплений здесь совсем не было. Защищал только лес. Этот фланг был очень важен. Французы через него могли выйти на Старую дорогу и дойти до Можайска.

— И что тогда? — я посмотрел на Николая.

— Мы были бы в кольце! Рассказываю дальше. Между флангами — центр. Тут холмы, а ещё маленькие речки. По их берегам — невысокие деревья. Холмы и берега речек — прекрасное место для артиллерии и солдат.

47

— А где и как Кутузов расположил свои войска? — спросил с интересом Никита Михайлович. В его голосе появилось что-то такое, что я посмотрел на него и подумал: «Он тоже был в армии? А может, и на войне?..»

— Смотрите. Территория от деревни Маслово через село Бородино до деревни Шевардино. Между Масловом и Шевардином километров 8 будет.

— В Бородине недавно новая улица появилась, а на ней — коттеджи. В Шевардине тоже строят. Мы с Серёжкой видели... — опять вспомнил Никита Михайлович.

— Да, знаю... Об этом тут все знают. Знают, но сделать ничего не могут. Враг столько не сделал, сколько мы сами... — Николай помолчал и продолжил: — У Шевардина были сделаны укрепления. Их должен был защищать генерал Горчаков с 8 тысячами солдат пехоты и 4 тысячами солдат кавалерии.

— А дальше? — поинтересовался я.

— Дальше? Здесь деревня Горки, а здесь — деревня Утица. Расстояние — 4,5 километра. Тут стоял Багратион со своей армией. Смотрим дальше. Новая и Старая дорога. Здесь между ними километра 3,5. Тут был Барклай.

— Значит, когда Наполеон шёл вперёд, то расстояние между флангами становилось всё меньше? Правильно я понимаю? — Никита Михайлович посмотрел на Николая.

— Да. А ещё французским солдатам надо было идти не по дороге, а по не очень-то ровному полю.

— А какой план был у Наполеона? — спросил я.

— Сначала ударить по левому флангу, а потом идти в лоб.

— Что значит «в лоб»? — не понял я.

— Прямо по центру. Этого и хотел Кутузов.

— Почему? — спросил я.

— Если бы Наполеон ушёл с армией за фланги к Можайску, то...

— ...То армия Кутузова была бы взята в кольцо! — закончил я.

— А наш центр был сильным? — спросил Никита Михайлович.

— Нет, слабым, как и левый фланг. Здесь были нужны хорошие укрепления.

— Успели их построить? — поинтересовался он.

— Да. Хотя у наших было только два дня.

— Молодцы! Быстро подготовились. А вот мы с Сержем видели новые дома, которые сейчас никак не могут достроить... — сообщил Никита Михайлович. Мы все посмотрели на него. Опять никто ничего не сказал.

— Наши солдаты подошли к Бородину утром 3 сентября, — продолжал Николай. — Настроение у них было не самое лучшее. Ведь они уже два месяца отступали.

— Николай, а где были крестьяне, когда началось сражение? Ведь здесь так много деревень... — спросил я.

— Перед сражением им приказали срочно отсюда уехать. Они и уехали.

— А почему Кутузов был уверен, что правильно выбрал место и правильно расположил своих солдат? — задал я новый вопрос.

— Он уже сражался с Наполеоном под Аустерлицем. Михаил Илларионович знал императора Франции. Чувствовал его.

ВОПРОСЫ К ГЛАВЕ 8Б

45

1. В чём секрет пирогов Татьяны Андреевны?

2. Почему Кутузов дал Бородинское сражение, несмотря на то что был против него?

3. Кто выбрал место сражения?

Почему Кутузов считал, что силы французской и русской армий равны, хотя французов больше?

Какой фланг русских был сильнее других и почему?

1. Какой объект защиты Кутузов определил как главный? Почему?

2. Кто командовал правым флангом? А левым? Сколько людей и орудий было на этих флангах?

Где был центр русской армии?

3. Что было бы, если бы французы через левый фланг дошли до Можайска?

1. О чём вспоминал Никита Михайлович, пока Николай рассказывал о расположении армий? Как на это реагировали Татьяна Андреевна, Николай и Серж?

2. Кто должен был защищать Шевардинское укрепление?

3. Какой план был у Наполеона?

В чём Николай видел талант Кутузова?

Откуда Михаил Илларионович знал, как поведёт свои войска император Франции?

В. Шевардинское укрепление

— Когда к Бородину подошли французы? — спросил я.

— 5 сентября. Их увидели с церкви деревни Бородино. Оттуда хорошо было видно, как к Бородинскому полю идут и идут три колонны солдат с **блестящими** на солнце **ружьями**. Колонны подходили всё ближе и ближе... Они были похожи на три реки.

— Наполеон шёл в центральной колонне? — улыбнулся я.

— Да. Его колонна шла по Новой Смоленской дороге на деревни Валуево и Бородино. Правая от него колонна — по Старой Смоленской дороге через деревню Ельню, а левая — на деревню Беззубово.

— В этот день сражения не было? — Никита Михайлович посмотрел на Николая.

— Было. В истории оно известно как Шевардинское сражение. Это было сражение за Шевардинское укрепление.

— Император Франции сразу пошёл в **атаку**? — удивился я.

— Да. Он атаковал, потому что был уверен в победе своих солдат. Кроме этого, он знал, что русские к сражению не готовы, что они не успели построить укрепления. Наполеон хотел взять эти укрепления, чтобы тоже иметь хорошую позицию для своих войск.

— Сколько человек послал Наполеон на Шевардино? — спросил я.

— 40 тысяч солдат. В основном — пехота, а четверть — кавалерия. Их поддерживала артиллерия. Около двух сотен пушек. Французы атаковали укрепления с севера, с запада и с юга. Бой начался в 2 часа дня. Начала артиллерия. Затем пошли солдаты. Они шли как стена. Шли, останавливались и **стреляли** из ружей.

— Сейчас солдаты идут на врага по-другому, — сказал Никита Михайлович. — Каждый из них бежит, стреляет, **прячется**, стреляет... Это правильно. А тут — идут стеной... Не понимаю!

— В начале XIX века психология войны и психология солдата были другими. Солдат шёл на врага прямо и открыто. Он не прятался, — объяснил Николай и продолжил: — Затем началось **рукопашное** сражение. Наполеон приказал взять укрепления.

49

— А сколько в Шевардине было наших? — поинтересовался Никита Михайлович.

— Пехоты — почти в три раза меньше, чем у французов. Кавалерии — треть французской. Артиллерии — пушек 50.

— А где были остальные пушки? Почему они не помогли? — спросил Никита Михайлович.

— Понимаете, Никита Михайлович, основные силы артиллерии стояли на расстоянии полутора километров от укреплений. Это далеко для того времени. Кроме того, рядом с укреплениями стояли наши войска.

— А почему Багратион не дал команду отходить? — не мог успокоиться Никита Михайлович.

— Отходить было нельзя. Армия готовилась к главному сражению. Ей нужно было время для подготовки.

— Так им не помогли?

— Почему не помогли? Помогли. Багратион **направил** туда 6 тысяч солдат.

— И что? — Никита Михайлович снова посмотрел на Николая.

— Около пяти часов вечера началась ещё более жестокая атака. Французы атаковали со всех сторон! Наши не хотели отдавать даже сантиметра земли! Сражение было такое, что нельзя уже было понять, где свои, а где чужие...

— Французы отошли? — с надеждой спросил Никита Михайлович.

— Нет... Сражение за укрепление продолжалось до темноты.

— Чёрт! — Никита Михайлович ударил кулаком по столу.

— А вы знаете, чего нам стоило это сражение? Нет? Я вам скажу: оно стоило жизни 6 тысяч русских. Французам — на тысячу меньше.

— 11 тысяч убитых? — воскликнул Никита Михайлович.

— Убитых и раненых.

— Не может быть! 11 тысяч человек за несколько часов убиты и ранены?! — воскликнул Никита Михайлович. — Да-а, есть о чём подумать.

— Кстати, у Шевардина на бывшем командном пункте Наполеона в 1913 году памятник поставили. Памятник всем погибшим французам, — вспомнила Татьяна Андреевна. — «Мёртвым Великой армии» — вот что на нём написано.

— Знаешь, Серёжа, какой вопрос задал Наполеон своим генералам после этого сражения? — Николай хитро посмотрел на меня.

— Нет... Какой?

— Наполеон спросил: «Сколько русских взяли в **плен**?» Как думаешь, что ему ответили?

— Ну... Не знаю... Назвали количество.

— Ему ответили, что пленных нет! Русские всегда говорили, что лучше смерть, чем плен!

— Вот такой у нас, у русских, характер! — воскликнул Никита Михайлович.

Я посмотрел на Татьяну Андреевну, Николая и Никиту Михайловича и увидел на их лицах счастливые и гордые улыбки. Не смог вспомнить, кто из русских **классиков** написал: «Нам нужны великие могилы, если нет величия в живых...»

50

— А что было 6 сентября? — продолжал спрашивать Никита Михайлович.

— И русские, и французы готовились к сражению. Наполеон изучал Бородинское поле. Он понял, что наш правый фланг хорошо защищён.

— А как он смог это понять? — задал я новый вопрос.

— Весь день он ездил по всему полю, изучал местность и, кстати, **встретился** с нашими казаками. Чуть не попал в плен.

— После этого его план как-то изменился? — поинтересовался я.

— Нет. Просто французский император понял, как ему лучше действовать. Он решил атаковать левый фланг. Там, где батарея Раевского и Багратионовы укрепления. Он хотел занять этот фланг и заставить наших уходить к реке Москве и реке Колочи. Там он хотел уничтожить нашу армию. А ещё... А ещё Наполеон решил **обмануть** Кутузова.

— Обмануть? Как? — удивился я.

— Организовать обманную атаку на правый фланг и на часть левого.

— Зачем? — я посмотрел на Николая.

— Чтобы Кутузов из центра направил туда своих солдат.

— И что? Обманул? — я с интересом посмотрел на Николая.

— Вот сюда, — начал он, показывая на рисунке, — на левый фланг, император Франции направил поляка Понятовского[1].

Он и его солдаты должен был взять Утицу, обойти армию Багратиона, а потом окружить её.

— Понял, — сказал я. — А по центру?

— Вот здесь, против русского левого фланга — видите? — должны были стоять с солдатами французские **маршалы** Даву[2], Ней[3] и Жюно[4], а за ними — Мюрат со своей кавалерией. Они должны были атаковать армию Багратиона.

— Понятно. А правый фланг? — спросил я.

— Здесь Богарне[5] и часть солдат Даву должны были произвести обманную атаку. Им надо было взять Бородино и уже оттуда атаковать русский центр. Понятно?

— А что Кутузов? — спросил Никита Михайлович.

— Кутузов?.. Тоже не спал... — улыбнулся Николай. — Изучал информацию, выбрал лучшее место и направил туда солдат. А ещё сам объехал все фланги. Он сказал солдатам, что каждый будет участвовать в сражении. И ещё... И ещё он попросил их помолиться Смоленской Божьей Матери.

— Самой иконе? — поинтересовался я.

А. Шепелюк.
М.И. Кутузов на командном пункте
в день Бородинского сражения

132

— Да.

— Это помогло? — улыбнулся я.

— Участники сражения потом говорили, что после молитвы перед иконой на сердце стало легче. **Страх** ушёл. Ушёл страх смерти. Люди перестали чувствовать себя просто людьми. Каждый из них надел чистую одежду. Они были готовы к большому сражению...

— А зачем чистая одежда? — не понял я.

— Со старых-старых времён у нас была традиция перед боем просить друг у друга прощения и надевать чистые рубахи. Если солдата ждала смерть, то он перед Богом был чист. В чистой рубахе он шёл умирать с чистым сердцем и с чистыми мыслями. И ещё... Чистую одежду можно было использовать для раненых, — сказала Татьяна Андреевна.

— А Наполеон обращался к своим солдатам? — спросил я.

— Да. Он тоже говорил с ними. Он показал им портрет своего маленького сына. А ещё император Франции напомнил, что у них уже были победы под Аустерлицем, Фридландом, Витебском и Смоленском. А новая победа будет называться «Сражение на Москве-реке». В ночь перед сражением Наполеон не мог заснуть. Он плохо себя чувствовал. Французский император всё время спрашивал: «На месте ли русская армия?»

— А Кутузов? Спал? Он же любил поспать, — улыбнулся я.

— Думаю, что нет. Утром, когда ещё было темно, он поехал на батарею Раевского. Поехал один. Там он ещё раз проверил войска, посмотрел на своих солдат и отдал последние команды генералам и офицерам.

Комментарии

[1] Понятовский (1763–1813, польск. Józef Antoni Poniatowski) — польский князь и генерал, маршал Франции.

[2] Даву (1770–1823, фр. Louis-Nicolas Davout) — полководец Наполеоновских войн, маршал Франции (Наполеон называл его «железный маршал»).

[3] Ней (1769–1815, фр. Michel Ney) — один из наиболее известных маршалов Франции времён Наполеоновских войн (Наполеон называл его «храбрейший из храбрых»).

⁴ Жюно (1771–1813, фр. Jean Andoche Junot) — генерал Наполеона.

⁵ Богарне (1781–1824, фр. Beauharnais) — генерал Наполеона.

ВОПРОСЫ К ГЛАВЕ 8В

48

1. Как французская армия двигалась к Бородинскому полю? Какого числа французы подошли к месту сражения?

2. Откуда русские узнали о приближении французов?

3. Почему Наполеон сразу пошёл в атаку? Как начался бой за Шевардинский редут?

49

1. Сколько русских и как защищали Шевардинское укрепление?

Почему им не помогли основные силы русской артиллерии?

Почему защитники Шевардино не получили команду отходить?

2. Как сражались французы и русские за Шевардинское укрепление?

3. Сколько длился этот бой?

Сколько было убитых и раненых?

Сколько русских было взято французами в плен? Почему?

4. Что написано на памятнике погибшим французам?

Мог бы такой памятник появиться в советское время? Почему?

5. Как вы понимаете фразу: «Нам нужны великие могилы...»? Вы согласны с поэтом?

50

1. Откуда Наполеон узнал, что правый фланг русских хорошо защищён?

Какой фланг он решил атаковать? Почему?

2. Как Наполеон решил обмануть Кутузова?

3. Откуда Кутузов узнал о планах Наполеона? Что он сделал, узнав об этом?

4. О чём попросил Кутузов своих солдат перед сражением? Что делал Кутузов ночью перед сражением?

Перед какой иконой молился Кутузов со своей армией перед сражением?

О какой русской традиции вы узнали?

5. Что говорил Наполеон перед сражением своим солдатам? Чей портрет он показывал им?

Как чувствовал себя Наполеон в ночь перед сражением? Какой вопрос он постоянно задавал?

Г. Главное сражение

51

— Главное сражение началось 7 сентября. Да? — спросил я.

— Да. На поле образовалось две горячие точки. Первая — на левом фланге. Там, где Багратионовы укрепления, — говорил Николай и показывал на схеме. — Вторая — вот здесь. На самой высокой точке поля. Батарея Раевского. Атаки тут были особенно жестокие, потому что они определяли сражение и его результаты.

— А как началось сражение? — задал я вопрос.

— С артиллерийской атаки. Французы начали. Наши им ответили. А через полчаса солдаты Наполеона начали наступление. Вот здесь, здесь и здесь. Тысячи солдат из всех европейских стран шли плечом к плечу на нас.

— Почему они так шли? — спросил я. — Их же легко можно было убить.

— Легко. Огонь был такой, что, когда солдаты подходили на выстрел, они так и ложились плечом к плечу.

— Что значит «на выстрел»? — не понял я.

— На 100 метров. А знаешь, как стреляли из ружья в начале XIX века? Нет? Расскажу. Чтобы выстрелить из ружья один

раз, надо было сделать целых 12 операций! Поэтому можно было сделать только один выстрел в минуту, и то если погода хорошая.

— А когда началась первая атака? — поинтересовался Никита Михайлович.

— Очень рано. Около 6 утра. Уже через полчаса маршал Даву пошёл к Багратионовым укреплениям и взял одно из них. За другие началось страшное сражение. Около 9 часов утра Понятовский взял Утицу. На левом фланге было очень страшно. Сюда Наполеон бросил главные силы. Богарне тем временем на правом фланге атаковал деревню Бородино.

— А Бородино взяли? — спросил я.

— Да. Там была страшная рукопашная атака. Правый берег остался нашим, а вот Бородино отдали. У Бородина французы быстро поставили пушки и стали стрелять по батарее Раевского.

52

— А где в это время был Кутузов? — поинтересовался Никита Михайлович.

— У деревни Горки.

— А Кутузов точно знал, что Наполеон начнёт сражение 7 сентября, а не 8-ого? — задал я вопрос.

— Слушай, Серёга, ты был в армии? — спросил Никита Михайлович. — Нет? Ну, ты участвовал в таких сражениях, когда одна улица бьёт другую? Тоже нет? Эх, Серёга... Что с тобой тогда говорить...

— Да, — продолжил Николай, — тогда тебе, Серж, трудно понять чувство сражения. Понимаешь, это такое чувство... такое чувство...

— А ты был в армии? — спросил я Николая. — Был? И участвовал в сражениях? — я с интересом посмотрел на него.

— Был. Участвовал. Как и мой отец, и как мой дед. Человеку из деревни трудно пройти мимо армии. У деда была Великая Отечественная. У отца — Афган[1]. У меня — Кавказ[2]. Но это другие истории...

— Коля, а дальше-то что было? Положение-то у нас сложное получается... — Никита Михайлович нетерпеливо посмотрел на Николая.

— Да. Положение очень сложное. Но Кутузов не стал направлять солдат из центра на фланги. А вот Наполеон направил туда ещё 30 тысяч человек и чуть больше 150 орудий. Французов там стало в два раза больше.

— И что? — с волнением спросил Никита Михайлович.

— И всё!.. Багратионовы укрепления стали французскими.

— Чёрт! — опять **стукнул** кулаком по столу Никита Михайлович.

«Никита Михайлович, — подумал я, — ведёт себя как на футболе! Как будто болеет за свою любимую футбольную команду».

Комментарии

[1] Афган — (разг.) зд.: Афганская война (1979–1989), война между правительством Демократической Республики Афганистан и моджахедами. Просоветское правительство Афганистана поддерживал СССР, а моджахедов поддерживал ряд зарубежных стран (финансовая поддержка) и государства исламского мира (военная поддержка).

[2] Кавказ — (разг.) зд.: или о Первой (1994–1996), или о Второй (активные боевые действия 1999–2000 гг., с 2000 г. по наст. время — время от времени возникающие конфликты) чеченской войне.

53

— После 9 утра сюда пришла помощь, и укрепления стали снова нашими, — продолжил Николай.

— Знаешь, Коля, ты давай... это... Ну, так рассказывай, чтобы сердце... понимаешь, сильно не волновалось! — сказал Никита Михайлович.

Я с удивлением посмотрел на него: «То он бегает и землю себе на Бородинском поле выбирает, то так сильно волнуется из-за того, что на этом поле было 200 лет назад. Европа вот тоже вся на могилах стоит. И ничего. Это жизнь...»

— Ну, в общем... французам удалось дойти до деревни Семёновское и взять её. Это совсем рядом с Багратионом. Французы шли, наши в них стреляли, те падали, а на их место приходили всё новые и новые солдаты... Потери были огромные. Смерть не

могла остановить солдат Наполеона. Багратион даже крикнул: «**Браво!** Браво, французы!» Он был восхищён их героизмом. На помощь Багратиону Кутузов послал генерала Тучкова, когда укрепления вновь заняли французы.

— Мужа Маргариты Михайловны? — спросил я.

— Да. Уже рассказали про неё? Ну вот, Тучков встал, взял знамя и крикнул: «Что же вы не идёте на француза? Тогда я один пойду!» Через несколько секунд он был убит...

— Зачем он пошёл на смерть? — не понял я.

— Его смерть сделала чудо. Смерть героя на войне делает чудеса. Наши солдаты снова пошли на врага.

— А что Наполеон?

— Он направлял и направлял к укреплениям всё новые и новые силы, но бой оставался нерешённым... Тогда Наполеон послал туда лучших своих маршалов: Даву, Жюно, Мюрата и Нея. Им помогала артиллерия. Почти полтысячи пушек! Вскоре на поле лежало такое количество убитых, что кавалерия не могла уже пройти по полю...

— Ужас-то какой!.. — вздохнула Татьяна Андреевна.

— Да... **Подвиги** совершались каждую секунду. И нашими, и французами...

— Я видел памятник на батарее Раевского, — сказал я. — Кажется, это самый большой памятник. А что там было?

— Это место, может быть, одно из самых страшных. Батарею атаковали и французская артиллерия, и пехота, и кавалерия. Французы долго не могли взять её. Когда взяли, то поняли, что никто из русских отсюда не ушёл. Не ушёл, потому что все выбрали смерть. В конце концов французы отошли к деревне Бородино и начали готовиться к новой атаке. Наполеон тогда сказал о русских: «Им помогает сам чёрт!»

54

— Французы снова пошли вперёд? Да?.. — Никита Михайлович забыл, казалось, о своих бородинских планах.

— Да... И их встретили наши новые силы. Я говорил, что сражение началось с артиллерии. Так вот, пушки стреляли весь день и закончили стрелять только к вечеру. Уже к обеду многие пушки были такими горячими, что стоять рядом с ними было почти невозможно.

— Так сколько же человек погибло в Бородинском сражении? — спросил я.

— В среднем каждый час погибало около 10 тысяч солдат. Это более 100 человек в минуту... Пишут, что на Бородинском поле всего погибло около 100 тысяч человек, наших и французов, — ответил Николай.

— 100 тысяч? За один день на одном поле? Я не могу этого представить, — сказал я.

— Французы около 60 тысяч раз стреляли по нашим из пушек. Из своих ружей они сделали 1 500 000 выстрелов. Мы тоже сделали не меньше выстрелов. А ещё и рукопашные сражения...

— Это надо представить себе поле, — Никита Михайлович посмотрел на меня, — и на него каждые пять минут в течение восьми часов падают большие самолёты с людьми, ну типа аэробусов...

— Это невозможно... — с трудом проговорил я.

— Оказывается, возможно. Это было всего 200 лет назад. И мы сейчас там, где это было... — сказал Никита Михайлович, не глядя мне в глаза.

— А раненым кто-нибудь помогал? — спросил я.

— А как им помочь? Кому-то повезло — его унесли в госпиталь... Хотя... Хотя там тоже было несладко. В госпитале руки и ноги тогда не лечили.

— А что делали? — не понял я.

— Резали. Один из хирургов русской армии писал, что за один этот день он **отрезал** 200 рук и ног. Кстати, вот любопытный факт. После боя Наполеон сказал своим врачам, чтобы они помогали и русским солдатам, потому что после победы нет солдат, а есть только люди.

— Да, молодец. А в плен брали?

— Пленных было немного. Около тысячи человек с каждой стороны. Многие из них были **тяжело** ранены. Ну, рассказываю дальше... Сражение продолжалось. К Наполеону приехал маршал Ней и попросил у него новые силы. Император решил ему дать 20 тысяч солдат своей гвардии. Михаил Илларионович увидел, как сражается французская гвардия, и понял, что вскоре у него не будет армии. Он не знал, что делать. Новых сил у него не было. К пяти часам атаки прекратились. Наполеон приехал к Багратионовым укреплениям, увидел горы мёртвых солдат и сказал: «Я вижу победу, но не вижу успеха». У него не было никаких эмоций. Генералы потом писали, что он был не похож на себя.

— А дальше? — задал я вопрос.

— С пяти часов вечера до темноты снова стреляли пушки. Около шести часов вечера стало понятно, что Бородинское сражение закончилось. И у французов, и у русских не было сил

сражаться дальше. Артиллерия продолжала стрелять часов до девяти вечера. Когда стало темно, французы отошли с поля. Наполеон и Кутузов готовились к новому сражению... Но ночью Кутузов понял, что может потерять в этом сражении всю свою героическую армию. И тогда он решил сохранить армию и дать ей возможность отдохнуть, отойти за Москву.

— Он знал, что надо будет отдавать Москву? — тихо спросил я.

— Да. Он это понимал и знал. Поэтому он и дал Бородинское сражение. Без такого страшного сражения нельзя было отдать старую столицу. Понимаешь, не мог он без сражения её отдать!

— А Наполеон? — поинтересовался я.

— Он понял, что его звезда в этом сражении не помогла ему. А ещё император понял, что русские отходят, но он не может назвать это победой. Ведь за целый день он смог **подвинуть** русскую армию всего примерно на километр. А ведь он понимал, что его армия была сильнее. Победы не получилось, потому что русские не бежали. А ещё не было пленных... В общем, во французских учебниках истории пишут, что под Бородином победили французы, в русских — что победили мы, потому что после Бородина французы уже не смогли выиграть эту войну. У них не осталось сил для победы.

55

Татьяна Андреевна встала, подошла к окну. Я увидел на её глазах слёзы. Никита Михайлович сидел молча. Он время от времени поглядывал на иконы. Мне было трудно понять, о чём он думал. Может, об этом страшном сражении и о погибших, а может, об участках земли, которые продавали теперь на месте сражения, или о том, что надо было остановиться в гостинице, а не здесь... Николай тоже молчал. Так прошло несколько минут. Татьяна Андреевна посмотрела на нас и сказала: «Может, ещё чайку?»

— Татьяна Андреевна! Ребята! Вы знаете, я не пью, — неожиданно сказал Никита Михайлович. — Давно уже своё выпил. Но не **грех** и выпить нам сейчас грамм по 50 за вечную память героев, погибших здесь, при Бородине. Как думаете?

Никто не возражал. Молча налили. Никита Михайлович встал. Мы тоже встали.

— Ну, ребята, вечная память героям! Пьём, не чокаясь![1]

Мы выпили, не чокаясь, опять немного помолчали, потом Никита Михайлович спросил:

— Коля, а что сделал Наполеон, когда узнал, что войска Кутузова ушли с поля?

— Помните, я говорил, что ночью перед сражением Наполеон всё время спрашивал: «Не ушла ли русская армия?» Он боялся этого.

— Почему? — не понял я.

— Представьте себе: его Великая армия прошла более 2 тысяч километров. На этом пути были военные победы, были голод, болезни, жара и дожди. Зачем? Чтобы сражаться с русскими.

— И что? — не понимал я.

— Только что закончилось Бородинское сражение — самое страшное сражение армии Наполеона. Каждый солдат императора сражался как герой. И какой результат? Никакого! Победы-то нет, потому что никто не поднял белый флаг, никто не просит мира. Значит, война-то продолжается, конца ей нет. Надо идти дальше и снова бороться за победу. А сил уже нет.

— Да... Представляю себе, какое ужасное настроение было у императора и у его солдат, — сказал я.

— Да, настроение не самое весёлое. С одной стороны, победили. Ведь враг ушёл. С другой стороны, все понимали, что за победу слишком дорого заплатили.

— А что в это время было в Москве? — поинтересовался я.

— В Москве... В Москве почти ничего не знали о Бородинском сражении и о ситуации в армии. Генерал-губернатор Москвы старался успокоить москвичей. Он говорил, что наши герои обязательно победят Наполеона. Но многие уезжали из города. Уехало 250 000 жителей, а тысяч 15 осталось. Шли пешком, богатые жители на **повозках** везли самые ценные вещи, везли раненых. Для раненых повозок часто не хватало, и тогда москвичи оставляли вещи и отдавали повозки раненым.

— Почему они уходили из города? — не понял я. — Ведь губернатор обещал защищать город.

— Русские никогда не верили власти... На улицах города почти не было людей. Кутузов попросил у московского губернатора солдат, оружия, лошадей и еды, но тот ему ответил, что ничего нет.

— Правда не было? — удивился я.

— Да всё было. На территории Кремля. Только сначала губернатор сказал, что ничего нету. А потом... Потом потребовал заплатить...

— Всё как всегда! — сказал Никита Михайлович и в который раз стукнул кулаком по столу.

Комментарий

[1] Не чокаясь (пить) — не касаясь бокалами (иногда стоя), пить за тех, кто умер или был убит (русская традиция).

ВОПРОСЫ К ГЛАВЕ 8Г

51

1. Когда и как началось главное сражение?

2. Расскажите об том, как вели себя на поле солдаты в начале XIX века. Что их отличает от современных солдат?

3. Как было взято Бородино?

52

1. Где находился штаб Кутузова?

2. Что узнал Серж о Никите Михайловиче, Николае, деде и отце Николая?

Как вы понимаете фразу: «Человеку из деревни трудно пройти мимо армии»? А кто служит в армии в вашей стране?

3. Как реагировал Никита Михайлович на рассказ Николая? Почему?

1. Чем Никита Михайлович удивлял Сержа?

Согласны ли вы с мнением Сержа о том, что «Европа тоже вся на могилах стоит. И ничего. Это жизнь...»? Аргументируйте ответ.

2. Какое место на Бородинском поле было одним их самых страшных? Почему?

Почему Багратион крикнул: «Браво! Браво, французы!»?

Что сказал Наполеон о русских?

3. Как смерть генерала Тучкова повлияла на солдат? Почему?

54

1. Как началась вторая атака?

Почему рядом с пушками уже невозможно было стоять?

2. Сколько людей погибло во время Бородинского сражения? Это много?

Какое впечатление это произвело на Сержа?

3. Какая судьба ждала тех, кто был ранен?

Что приказал Наполеон делать после боя? Почему с каждой стороны было немного пленных?

4. Что понял Кутузов, увидев, как сражается гвардия?

5. Что сказал Наполеон, подъехав к Багратионовым укреплениям? Какое впечатление это произвело на него?

6. Какое решение принял Кутузов?

Правильное ли он принял решение? Почему?

7. Почему Наполеон не мог назвать Бородинское сражение своей полной победой?

1. Какое впечатление произвёл рассказ о Бородинском сражении: а) на Татьяну Андреевну? б) на Никиту Михайловича? А на вас?

2. Что предложил Никита Михайлович? Почему?

О какой ещё русской традиции вы узнали?

3. Почему Наполеон боялся, что русская армия может уйти?

4. Что знали в Москве о Бородинском сражении? Почему? Сколько москвичей уехало из столицы? Почему? Как они уходили из города?

5. Почему московский губернатор не дал Кутузову солдат, оружия, лошадей и еды?

Выразите своё отношение к этому.

Д. В Москву!

56

— 13 сентября состоялся военный совет в Филях[1], — продолжал свой рассказ Николай. — На нём решалась судьба Москвы. Кутузов сказал в Филях: «Потерять Москву — не значит потерять Россию!» Ещё он сказал, что надо так отдать врагу Москву, чтобы она стала для него смертью. Михаилу Илларионовичу было очень важно не только сохранить армию, но и увеличить её.

— А сколько солдат осталось у полководцев после Бородина? — задал я вопрос.

— У французского императора — около 100 тысяч, а у нас — чуть больше половины от этого. Пока шли от Можайска до Мо-

Военный совет в Филях

А. Николаев.
Наполеон на Поклонной горе

сквы, Кутузов всё время искал позицию, удобную для нового сражения. Но не нашёл. Что было делать? Губернатор Москвы оружие и еду армии не даёт, хорошего места для сражения нет... Надо было уходить из Москвы. Французы дали нам спокойно выйти из города. Вечером 14 сентября французская армия вошла в Москву. На Поклонной горе[2] Наполеон ждал, что ему принесут ключи от города, но ему сообщили, что город почти пуст и ключи от города ему никто не вынесет. Наш великий поэт Пушкин написал об этом так:

> Напрасно ждал Наполеон,
> Последним счастьем **упоённый**,
> Москвы коленопреклонённой
> С ключами старого Кремля.
> Нет, не пошла Москва моя
> К нему с повинной головою.
> Не праздник, не приёмный **дар**,
> Она готовила **пожар**
> Нетерпеливому герою[3].

Да. Вот так. Ну, значит, 15 сентября император Франции был в Кремле. Французы нашли в Кремле и пушки, и еду, и всё, что нужно для солдатской жизни... Французы были счастливы!

— А что наш царь? — спросил Никита Михайлович.

— Сказал, что Кутузов виноват в том, что Наполеон в Москве. Написал шведскому королю, что Кутузов победил на Бородинском поле, но у него не хватило **смелости** уничтожить французов. Это царь называл «ошибкой» Кутузова, из-за которой Москву отдали французам...

— А что Кутузов?

— Кутузов был спокоен. Он был уверен, что, пока будет армия, будет Россия. И он всё сделал, чтобы сохранить свою армию.

— А как Москва встретила Наполеона? — спросил я.

— Москвичей после ухода нашей армии осталась немного. А знаете, кто первым взял Кремль, после того как из города ушла армия? — спросил Коля.

— Неужели сами москвичи? — Никита Михайлович с интересом посмотрел на него.

— Правильно! Несколько сотен пьяных русских. Это они нашли ценные вещи и оружие.

— А что французы? — поинтересовался Никита Михайлович.

И.К. Айвазовский. Пожар Москвы в 1812 г.

— Французы подошли к Кремлю и увидели пьяных людей с оружием. Командир французов предложил русским **сдаться** в плен. Он не хотел крови. Но кто-то из наших выстрелил. Тогда французы сделали два пушечных выстрела. Затем кавалерия бросилась вперёд и атаковала пьяных. Человек 10 сразу были убиты, а остальные стали просить не убивать их.

— Вот дураки! — сказал Никита Михайлович и тут же спросил: — А когда начались пожары?

— В ночь с 14-ого на 15 сентября. Этой ночью французы уже начали **грабить** московские дома. Когда Наполеон въехал в Кремль, пожары уже были во многих частях города. Французы не думали, что это серьёзно. Наполеон знал о пожарах, но был спокоен. Император сказал, что, если русский царь не подпишет мир, он и его армия прекрасно проведут зиму в Москве. Он сказал, что будет со своей армией зимой в Москве как корабль среди льдов.

— Почему он сравнил свою армию в Москве с кораблём во льдах? — не понял я.

— Лёд — это и зима, и народ, который не любит французов. Что тут непонятного? Хорошее сравнение.

— А что потом, после зимы? — поинтересовался Никита Михайлович.

— После зимнего отдыха Наполеон хотел продолжить войну с Россией, — ответил Николай. — Ну или думал, что за это время русский царь согласится на мир.

Комментарии

[1] Фили — деревня, в которой во время Отечественной войны 1812 г. состоялся военный совет для решения вопроса: дать ли сражение под Москвой или уйти из города без боя; сейчас это район на западе Москвы.

[2] Поклонная гора — холм на западе от центра Москвы. Когда-то с неё открывался вид на Москву. Здесь останавливались путешественники, чтобы поклониться церквям Москвы.

[3] «Напрасно ждал Наполеон...» — отрывок из романа в стихах А.С. Пушкина «Евгений Онегин».

— А когда Наполеон понял, что московские пожары — это серьёзно? — спросил я.

— Когда пожары начались рядом с Кремлём. Ведь там было оружие. Вечером 15 сентября Наполеону сказали, что пожары в Кремле под контролем. Узнав об этом, он немного успокоился и пошёл спать. Рано утром, как только император Франции проснулся, ему сказали, что вокруг Кремля всё горит.

— Поверил? — улыбнулся Никита Михайлович.

— Нет. Наполеон даже подумать не мог, что такой красивый город можно поджечь. Он сказал, что это солдаты готовят себе еду. Генералы ничего не ответили. Они молчали.

— Почему? — не понял я.

— Они ждали, когда император подойдёт к окну и сам всё увидит. Наполеон понял, что дело серьёзное, быстро оделся, подошёл к окну и понял, что вся Москва горит.

— И что он сделал? — Никита Михайлович посмотрел на Николая.

И.Ф.А. Клар. Пожар в Москве

— А что тут сделаешь? Он ведь не дурак. Он понял, что его победили. Он понял, что ничего уже не сможет сделать.

— Настроение у него, наверное, было ужасным, — сказал Никита Михайлович.

— Да. Наполеон впервые не знал, что делать. Он то садился к столу, то бегал к окну. В конце концов он сказал: «Эти люди — дикари!» Тем, кто был рядом с ним, казалось, что московский пожар съедает его.

— А пожары? — поинтересовался я.

— Пожары становились всё сильнее и сильнее... Они уже были похожи на огненное море. Вскоре император не мог уже подходить к окнам.

— Почему? — не понял я.

— **Стёкла** были слишком горячие... Представьте себе: всюду огонь, крики, звуки колоколов... Падают стены домов и церквей, падают колокола. По улицам бегают лошади, собаки. В огне над городом летают птицы. И ветер...

— Что ветер? — мы с Никитой Михайловичем посмотрели на Николая.

— Ветер. Он становится всё сильнее...

— Вот тогда-то, наверное, Наполеон и понял, что такое Россия... — сказал Никита Михайлович.

— Наверное... Хотя впереди ещё были наши **партизаны**. На следующую ночь он не мог **уснуть**. В Кремле собралась часть его гвардии. Они всё делали для того, чтобы остановить огонь, и поджигателей ловили, но ничего не помогало.

58

— Почему Наполеон не уходил из Кремля? — спросил я.

— Трудно сказать... Не знаю. Может, он боялся потерять важный для себя символ победы? Понимаешь, Москва — сердце России, а Кремль — сердце Москвы. Генералы просили его уйти из Кремля. Но он не спешил уходить... Ему говорили, что Кремль скоро будет трудно спасать от огня, что в Москве опасно.

— А император что? — я посмотрел на Николая.

Петровский дворец, Москва

— В конце концов решил на время переехать в Петровский дворец, который находился за границами старой Москвы. Французы пошли по горящим улицам Москвы и долго ходили по горящему городу.

— Почему же они сразу не вышли из города? — удивился я.

— Будете смеяться. Не могли найти дорогу к Петровскому дворцу...

— А Москва продолжала гореть и после того, как французы ушли?

— Пожары, Серёжа, окончились в ночь на 18 сентября. Знаешь почему? Пошёл сильный дождь. Он шёл почти весь день. Пожар окончился, но в городе было страшно, потому что всюду был **дым**. Дышать было невозможно! А 20 сентября Наполеон снова вернулся в Кремль, и армия опять начала грабить город. Брали всё. Бородинское сражение и московский пожар сделали французов похожими на **сумасшедших**. Москвичи прятались от них. Они боялись оставаться в своих домах.

— А как Наполеон? — спросил я.

— Он, как и раньше, хотел подписать мир с Россией. Этого сделать было невозможно. Наш царь был против. Из-за этого настроение у Наполеона было ужасное. Он в Москве, а мира нет. Потом он всё делал для того, чтобы его солдаты слушали командиров. Он видел, что настроение его армии всё хуже и хуже. Дела нет, еды нет. С каждым днём становится всё холоднее и холоднее. У императора появилась даже идея пойти на Петербург.

— Зачем? — не понял я.

— Хотел испугать Александра, чтобы подписать выгодный для себя мир. Правда, эту идею он быстро выбросил из головы. Он понял, что такой поход может очень плохо закончиться.

— А как Наполеон проводил время? — спросил я.

— Император узнал, что в Москве находятся несколько французских актёров и актрис. Он приказал им играть спектакли. В Кремле организовали концертный зал. В этом зале пел итальянский певец. А ещё в этом зале играли итальянские музыканты.

— Так, значит, Наполеон смотрел спектакли и слушал музыку? — улыбнулся я.

— Да. А ещё он любил гулять по городу. Вечерами император давал в Кремле обеды. Во время обедов он любил ходить по комнате и говорить о литературе и театре. А ещё он много думал о первом русском императоре Петре I[1].

— Его интересовал только Пётр? — спросил Никита Михайлович.

— Не только. Император приказал собрать информацию о руководителе крестьянского **восстания** Емельяне Пугачёве. Восстание Пугачёва было в XVIII веке, при Екатерине II. Наполеону было интересно, как Пугачёв смог организовать восстание крестьян.

— А зачем это ему было нужно? — не понял Никита Михайлович.

— Наполеон хотел понять секрет того, как можно организовать восстание казаков против царя. А ещё у императора появилась идея организовать восстание татар против России. Он даже послал своих людей в Казань[2].

— И?.. — Никита Михайлович посмотрел на Николая.

— Увы, всё это были пустые фантазии! — улыбнулся Николай. — И через месяц Наполеон решил наконец уйти из Москвы.

Комментарии

[1] Пётр I (1672–1725) — последний царь всей Руси (с 1682 г.) и первый император России (с 1721 г.).

[2] Казань — город на левом берегу Волги; сейчас столица Республики Татарстан в Российской Федерации.

ВОПРОСЫ К ГЛАВЕ 8Д

56

1. Почему не было второго сражения, перед тем как отдать Москву Наполеону?

2. Какой вопрос решался в Филях на военном совете?

Что сказал Кутузов о Москве и России? Какое решение было принято?

3. Как Москва встретила Наполеона? Что об этом писал А.С. Пушкин?

4. Как русский император отнёсся к тому, что Наполеон взял Москву?

Как к мнению царя отнёсся Кутузов? Почему?

5. Кто первым нашёл в Кремле ценные вещи и оружие?

Что начали делать французы, войдя в Москву?

6. Когда и почему начались в Москве пожары? Кто поджёг город?

7. Как решил действовать Наполеон в ситуации, если русский император не подпишет мир?

57

1. Почему Наполеон сначала не увидел в московских пожарах серьёзную опасность?

2. Когда французский император понял, что побеждён?

3. Что имел в виду Наполеон, когда назвал русских дикарями?

58

1. Почему Наполеон не уходил из Кремля?

2. Когда окончились московские пожары? Почему?

3. Что стали делать солдаты Наполеона, вернувшись в Москву после пожаров?

4. Какое настроение было у Наполеона? Почему?

5. Как император Франции проводил время в Москве?

Какие деятели русской истории его интересовали? Почему?

Е. Из Москвы!

59

— Так значит, Наполеон решил уходить из Москвы, потому что Александр был против мира с ним и потому что в армии уже не было порядка? — спросил я.

— Да. В ночь на 19 октября французы стали уходить из Москвы. Сначала Наполеон хотел идти через Калугу. Там не было войны. А это значит, что там лучше дороги, есть еда и деревни, где можно отдохнуть. Это было очень важно, потому что у армии было еды всего на 20 дней.

— Как я понимаю, в результате он пошёл по другой дороге? — уточнил я.

— Да. Через Смоленск. По Старой Смоленской дороге, по которой шёл к Москве...

— Почему? — не понял Никита Михайлович.

— На Калужской дороге встала армия Кутузова. Наполеон понимал, что не совсем готов к новым серьёзным сражениям.

— А Кутузов был готов? — поинтересовался я.

— Да. Пока Наполеон был в Москве, он собирал новые силы.

А. Нортерн. Отступление Наполеона из Москвы

— Николай, а вот я не понял: Наполеон как уходил из Москвы? Сказал своим солдатам: «Пошли, ребята!» — они встали и пошли? — спросил я.

— Нет, конечно. Император приказал уничтожить стены Кремля. А ещё он приказал взять с собой особо ценные вещи. Из Москвы вместе с ним уходило почти 100 тысяч человек. Каждый нёс на себе столько, сколько мог унести. На 40 тысячах повозок увозили из Москвы **ценности**. Первыми из города уехали повозки с ценностями, которые Наполеон взял для себя. Эти его повозки ехали очень быстро. Их защищала сильная кавалерия.

— И эти ценности сейчас во Франции? — удивился Никита Михайлович.

— Нет. До Франции они не доехали. Они где-то на территории России. Но никто не знает где. Их и сейчас ищут.

— А где ищут-то? — уточнил Никита Михайлович.

— Где-то на Старой Смоленской дороге.

60

— Так московские ценности не доехали до Франции? — не мог успокоиться Никита Михайлович.

— Никита Михайлович, считайте сами: из Москвы ушло 100 тысяч человек и 40 тысяч повозок. А ещё уходили некоторые иностранцы, которые до прихода Наполеона жили в Москве. Уходили семьями.

— Почему? — не понял я.

— Они боялись, что, когда в город вернутся русские, они их всех убьют. Представляете, сколько ценных вещей вывезли из Москвы? До Франции дошли меньше 10 % армии.

— Так сколько же человек из армии Наполеона погибло в России? — спросил я.

— Трудно сказать. Тысяч 100 в сражениях. Пленных было где-то 200 000. 50—80 тысяч из них умерли зимой 1812—13 года. Голод, холод, болезни.

— А остальные?

И.М. Прянишников.
Французы в 1812 г. в плену у партизан

— Многие просто остались в России. Историки говорят, что каждый третий пленный остался. Поляков, например, царь направил в казачьи войска в Сибирь и на Северный Кавказ. В городе Сыктывкаре и сейчас есть район, который называется Парижем. В Белоруссии есть деревня Париж. На Урале вообще село Фершампенуаз. Местные жители его называют просто — Фершанка. И фамилии у людей появились русские: Французовы, Капраловы. В 1813 году царь разрешил бывшим солдатам Великой армии принимать русское гражданство. Так что во Францию в 1814 году возвращались в основном офицеры и гвардия. В общем, к январю 1813-ого до польской реки Вислы дошли только чуть более 20 тысяч солдат.

— Так всё-таки, сколько ценных вещей французы взяли с собой? — снова спросил Никита Михайлович.

— Давайте считать. Если каждый солдат взял хотя бы полкилограмма ценностей, то их вес был бы 50 тонн! Москвичи говорили, что солдаты несли на себе килограммы ценных вещей. Вот и считайте! После ухода Наполеона из Кремля там было найдено немало ценностей, которые французы не смогли взять! Многие ценности погибли. Например, иконы.

— Солдаты взяли с собой ценности, а еду? Ведь до Парижа было более 2 тысяч километров, — задал я вопрос.

— А еды почти не взяли. Они были уверены, что найдут её в русских деревнях. Солдаты шли медленно, неорганизованно. Про российские дороги мы с вами уже говорили. Люди вскоре стали бросать ценные вещи, а потом и повозки с ценностями. Армия уходила, оставляя на дороге картины, книги, вазы и другие вещи...

— А что с ними стало?

— Кто его знает...[1] Наверное, их взяли крестьяне...

Комментарий

[1] Кто его знает... — (разг., идиом.) говорящему неизвестно = Я не знаю.

61

— Николай, вы сказали, что Наполеон хотел уничтожить Кремль, но Кремль на всех открытках! — улыбнулся я. — Значит...

— Он приказал своему генералу Мортье[1] уничтожить стены Кремля.

— И что?

— Мортье начал выполнять приказ. И вдруг...

— Что «вдруг»? — Никита Михайлович посмотрел на Николая. — Опять чудо?

— Чудо! Вдруг пошёл... дождь. Сильный дождь. Он и спас Кремль. Мортье ушёл со своими солдатами из Москвы.

— Сначала пожар... Потом уничтожение Кремля... Что же осталось от Москвы? — спросил я.

— До прихода Наполеона в Москве было около 30 тысяч домов. После того как он ушёл — менее 5 тысяч. Вот такая цена у войны... Великий русский писатель Лев Толстой хорошо показал в романе «Война и мир», что красивой войны не бывает.

¹ Мортье (фр. Edouard Adolphe Casimir Mortier) (1768–1835) — маршал Франции.

62

— Так я не понял, какие всё-таки планы были теперь у Наполеона? — спросил я.

— Наполеон решил идти на Калугу, потому что там была еда для армии. После Калуги он хотел пойти на Смоленск и дальше на запад, домой.

— А армия Кутузова? — не понял я.

— Тоже шла по направлению к Калуге. Наполеон очень хотел остановить армию Кутузова, но понимал, что для этого у него мало сил. Наполеон попытался пройти мимо Кутузова. 24 октября Михаил Илларионович поставил свою армию на пути движения французов у города Малоярославца¹. Армии встретились.

— А далеко этот город от Калуги? — спросил я.

— Километрах в 60. Утром 24 октября начался бой за Малоярославец. Русские атаковали и вошли в город.

— Такая быстрая и лёгкая победа? — удивился Никита Михайлович.

— Если бы, — вздохнул Николай. — Пока шла первая атака, к этому месту подошли новые силы французов. Солдаты Наполеона подходили к Малоярославцу в течение всего дня. Сражение ни на минуту не останавливалось. Оно было очень жестоким. В течение дня город 9 раз переходил от русских к французам и обратно. Здесь погибли и были ранены около 30 тысяч солдат французской армии, русских — на 10 тысяч больше!

— И кто же в конце концов взял город? — задал вопрос Никита Михайлович.

— Французы. Кутузову со своей армией пришлось отступать.

— А Наполеон что? — спросил я.

— Наполеон? Вот тут он сделал страшную ошибку! Император решил, что солдаты Кутузова всё уничтожат по дороге на

Калугу и в Калуге. И Наполеон повёл своих людей на Старую Смоленскую дорогу. Впервые!!! Понимаете, впервые его армия пошла назад! Она впервые от-сту-па-ла! До этого момента она шла только вперёд!

— Ну и что? — не понял я. — Надо же было как-то уходить...

— Ты думаешь, как современный человек. Я уже говорил, что тогда была другая психология войны. Утром 26 октября армия императора Франции пошла назад. Назад! Впервые! Понимаешь?

— Но других возможностей у Наполеона не было... — всё не понимал я.

— Была возможность. Но он о ней не знал. Наполеон мог дойти до Смоленска по дороге, которая идёт через Вязьму...[2]

Комментарии

[1] Малоярославец — город в 61 км к северо-востоку от Калуги.

[2] Вязьма — город в России, расположенный на востоке, в 165 км от Смоленска.

63

— Значит, армия направилась на Старую Смоленскую дорогу? — спросил Никита Михайлович.

— Да. Настроение у всех было ужасное... Вспомнил! С Наполеоном случилась одна очень неприятная история. Перед уходом он решил посмотреть на результаты боя за Малоярославец. У одной деревни он встретился с нашими казаками. Казаки не поняли, что перед ними сам император Франции. Их интересовали только ценности. Казаки постреляли-постреляли, взяли ценные вещи и уехали.

— Да-а-а... — произнёс Никита Михайлович. — Императору, можно сказать, повезло!

— Очень повезло! — согласился я.

— Николай, так Наполеон пошёл на Смоленск по дороге, которая вела через Бородинское поле? — Никита Михайлович серьёзно посмотрел на Николая.

— Да. Ему снова надо было пройти через Бородинское поле.

— Но ведь на поле... — начал я.

— Да. Им надо было пройти по тем, кто там остался лежать после сражения... В основном там лежали русские. Французы своих похоронили.

Несколько минут мы сидели в тишине. А потом Никита Михайлович спросил:

— Наполеон пошёл по дороге на Смоленск, а Кутузов?

— Его армия пошла за Наполеоном. Наши атаковали французов с разных сторон. До Смоленска дошло немногим более половины из тех, кто вышел из Москвы. Из Смоленска голодная армия пошла дальше.

— Погибла почти половина? — воскликнул я. — И это всё Кутузов?

— Не только. Помните, я говорил, что Багратион учил крестьян создавать партизанские **отряды**? Нашей армии очень помогали партизаны. Наполеон даже **жаловался** русскому царю на «неправильную» войну партизан. Царь передал эту жалобу Кутузову, а Кутузов написал императору, что война стала народной, остановить народ он не может. Потом не все погибли, я же говорил. Многие остались. Историки пишут, что великая армия растворилась в России. Ну, потом помог и «Генерал Мороз».

— А это ещё кто такой? — не понял я.

— Холод. Пришла зима, и начались сильные морозы, а у французов не было зимней одежды. Ведь они брали в Москве золото и серебро, а надо было брать еду и тёплую одежду. С 6 ноября

В. Верещагин.
Мир во что бы то ни стало.
Наполеон и генерал-адъютант
Лористон

постоянно шёл снег. Температура была 22 градуса ниже нуля (−22 °C). День короткий. Люди не видели ни неба, ни друг друга... Многие не могли найти дорогу в снегу.

— Почему? — задал я вопрос.

— Из-за постоянного снега французы плохо видели.

— А что ели солдаты Наполеона, если они не взяли с собой еду? — поинтересовался я.

— Что ели? Своих лошадей ели... Что находили, то и ели... Как Кутузов обещал.

— Да, не **позавидуешь**...

64

Николай продолжил свой рассказ:

— При реке Березине[1] Кутузов хотел взять французскую армию в кольцо, чтобы она не смогла перейти через Березину. Наполеон отдал приказ построить несколько мостов. Чтобы их построить, солдаты должны были стоять в воде. А на улице было ниже 20 °C. Они строили мосты и даже шутили с теми, кто шёл по ним. А когда выходили из воды, то... то умирали от холода.

Я подумал: «А я бы смог так? Наверное, нет... Но может быть, если бы я жил тогда, то у меня была бы другая психология и я смог бы. Но всё-таки не думаю... Жизнь-то одна! Неужели мы так сильно не похожи на тех, кто жил 200 лет назад?»

— 28 ноября армия начала переходить реку, — продолжал Николай. — По двум мостам. Наполеон перешёл мост одним из первых. А 29 ноября французский император приказал сжечь мосты.

— Все перешли? — я снова посмотрел на Николая.

— Нет. Многие решили плыть. В результате несколько десятков тысяч погибли, были ранены или были взяты в плен. Это была полная катастрофа. Вспомните, в Россию вошла армия, в которой было больше полумиллиона человек. А до границы дошли около 80 тысяч. Они возвращались домой уже без своего императора. Так закончился поход Наполеона в Россию...

Переправа французских войск через реку Березину

— Извини, Коля, я не понял: почти 80 тысяч человек вернулись в Европу без своего императора? Как это могло быть? — удивлённо спросил Никита Михайлович.

— Император приказал сжечь все свои знамёна, бросил армию в Вильне и под чужим именем уехал в Европу. В середине декабря он уже целовал жену и маленького сына.

— Солдаты, наверное, ругали его? — поинтересовался я у Николая.

— Ругали? Нет! Они ругали русских, русского «Генерала Мороза» и своих офицеров. В Вильне французы почувствовали себя счастливыми.

— Почему? — опять не понял я.

— Их там встречали тёплые дома, еда. Счастье нормальной жизни. Но это счастье стало для многих смертью.

— Почему? — спросили мы с Никитой Михайловичем.

— Солдаты ели и не могли остановиться. Иногда они просто умирали за столом... Через несколько дней в городе просто не стало еды. Ну и каждый третий француз умер в Вильне от эпидемии.

Мы немного помолчали, а потом Николай спросил:

— А времени-то сколько? У-у-у! Два часа ночи! Мне уже давно пора быть дома и спать! Завтра на работу. Спасибо за вечер. Приятно было познакомиться. Я пойду.

— Коля! — сказал Никита Михайлович. — Спасибо! Спасибо, дорогой ты наш, хороший человек... От всего сердца спасибо тебе огромное за такой рассказ! Если будешь в Питере — обязательно позвони мне! Вот моя визитка! Ну, Коля!.. Нет слов...

Николай взял визитку, встал, поблагодарил Татьяну Андреевну и нас, оделся и пошёл к себе домой.

Комментарий

[1] Березина — река в Белоруссии, на которой в ноябре 1812 г. произошло сражение между отступающей армией Наполеона и русскими войсками.

65

— Ну, Серёга, — обратился ко мне Никита Михайлович, — что делать-то будем? С одной стороны, покупать здесь землю и строить как-то... не по-человечески. С другой стороны, мы же хорошие с тобой люди. Землю тут всё равно продают и покупают. Ну почему не мы? Мы же ничего плохого здесь делать не собираемся... Мы же сюда придём с миром, а не с войной... Что думаешь?

«Что я думаю? — подумал я. — Я ещё не заработал таких денег, чтобы покупать здесь землю. Кроме того, я пока не знаю, будет ли у нашей семьи в России бизнес. И вообще, мне надо обо всём хорошо подумать. Слишком много информации. Информации, к которой я не знаю, как относиться. Да, здесь была история. Да, французы и русские убивали здесь друг друга. А где, скажите мне, люди не убивали друг друга? В Европе сколько было войн? Много! Они что, без крови были? Нет! Не были жестокими? Были! Европейцы воевали друг с другом? Да! Разрушали города друг друга? Да! И что? Надо смотреть вперёд, в будущее! Надо жить! Строить! Всё правильно. Но почему-то здесь, на Бородинском поле, всё это как-то неправильно! Не знаю, Никита Михайлович, что вам сказать. Не знаю…»

— Никита Михайлович, давайте спать. Я устал. Мне надо обо всём хорошо подумать. И вы знаете, что не я решаю этот вопрос… Хорошо?

— Хорошо. А знаешь, что я тут подумал…

— Что?

— Вот мы в Москве были… В гостинице «Бородино». Это кто ж такой умный назвал так гостиницу в России? Это же кем надо быть, чтобы бар назвать «Барклай», а ресторан — «Кутузов»?… А? И я дурак был, что предложил этому **бандиту** Захару там встретиться! Захар… из этого… из «ПМП девелопмент»… Историю бы почитал! Ладно, давай спать! Завтра ещё кое-что посмотрим, мне тут кое-какие места показались интересными. Пораньше ляжем спать, а послезавтра рано утром — в Петербург.

66

На следующий день мы выехали из дома Татьяны Андреевны часов в 10. В машине мы почти не разговаривали, а всё больше смотрели в окно. Каждый думал о своём, а может, мы думали об одном и том же…

Никита Михайлович опять встречался с какими-то людьми, разговаривал и что-то записывал в свою тетрадь. Я слышал, что у некоторых он спрашивал о том, что здесь было во время войны с Наполеоном и в последнюю войну. Многие не знали. Тогда он спрашивал:

— Вы здесь родились или откуда-то приехали?

Обычно отвечали, что приехали. В одной из деревень он спросил у какого-то старика:

— А кто тут разрешил строительство?

Старик назвал фамилию какой-то женщины-начальницы.

— А она здесь родилась?

— Нет. Она нездешняя. С Урала, — ответил дед.

— Понятно…

А Никита Михайлович опять и опять спрашивал у строителей:

— А вы знаете, что тут было в 1812 году?

— Ну ты вспомнил, мужик. Что тут было при царе Горохе...[1] А зачем нам об этом знать? Мы сюда деньги зарабатывать приехали, а не историю изучать, — отвечали ему строители.

— А в вашем родном городе есть исторические дома? — снова спрашивал Никита Михайлович.

— Ну есть. И что?

— А вот если бы на их месте стали строить большой магазин или гостиницу, тогда что? — не успокаивался Никита Михайлович.

— А так и делают! Да ничего страшного. Мы, русские, — люди талантливые. Россия — страна богатая. Всё ещё будет.

— И что будет? — спрашивал Никита Михайлович.

— Слушай, мужик, чего тебе надо? Если ты приехал сюда покупать и строить, то покупай и строй. Если приехал поговорить — иди в депутаты или на **телевидение**. Не мешай работать! Нам семью кормить надо. А семью можно накормить тогда, когда много не думаешь. Вот строим и строим... А ты иди давай, куда шёл!

— Ну что, Никита Михайлович, — спросил я, когда мы поехали назад, — всё чики-пуки?

Никита Михайлович почему-то ничего не сказал.

Комментарий

[1] При царе Горохе — (идиом.) очень давно.

ВОПРОСЫ К ГЛАВЕ 8Е

59

1. Почему Наполеон ушёл из Москвы? Почему он решил вести свою армию через Калугу?

2. Сколько человек уходило с Наполеоном? Как они подготовились к обратной дороге?

3. Чьи повозки первыми уехали из столицы? Почему? Где сейчас находятся ценности, вывезенные из Москвы?

4. Почему Наполеон пошёл через Смоленск, а не через Калугу?

5. Чья армия была готова к новому сражению: Кутузова или Наполеона? Почему?

60

1. Сколько солдат Наполеона погибло в России?

2. Какое количество ценных вещей было вывезено из Москвы? Почему уходившие с Наполеоном не взяли с собой еду и тёплые вещи?

61

1. Что приказал сделать с Москвой Наполеон, уходя из столицы?

2. Как изменилась Москва из-за войны с Наполеоном?

3. Какое чудо спасло Кремль?

Вы верите в чудеса? Почему?

4. Как вы понимаете мысль Л. Толстого, что красивой войны не бывает?

62

1. Как вёл своих людей Наполеон?

2. Что вы узнали о бое за Малоярославец?

3. Что заставило армию Наполеона впервые пойти не вперёд, а назад?

63

1. Какое настроение было у людей, которые уходили с Наполеоном?

2. Как действовал Кутузов со своей армией?

3. Почему эту войну Наполеон назвал «неправильной», а Кутузов — «народной»?

64

1. Как французы перешли Березину?

2. Какой приказ отдал Наполеон на следующий день после того, как люди стали переходить Березину? Почему этот приказ стал новой катастрофой для французов?

3. Какие ещё приказы отдал Наполеон? Когда французский император прибыл в Париж? А его армия?

4. Кого ругали солдаты Наполеона за то, что им пришлось пережить? Почему?

5. Почему те, кто дошёл до Вильны, почувствовали себя счастливыми? Какая новая трагедия ждала их в этом городе?

6. Какое впечатление произвёл рассказ Николая на Никиту Михайловича? А на вас?

7. Что думал Серж о людях, живших 200 лет назад, когда он слушал рассказ Николая?

65

1. Какой вопрос задал Никита Михайлович Сержу, после того как ушёл Николай? Почему у него появился этот вопрос?

2. Что думал приятель отца о покупке земли на Бородинском поле?

Что думал об этом Серж? Что его смущало? Как Серж ушёл от ответа?

3. Как Никита Михайлович стал относиться к тому, что ресторанам, гостиницам, барам, кафе и т. д. дают имена героев войны и названия исторических событий?

66

1. Какие вопросы задавал Никита Михайлович людям?

2. Почему многие люди не хотели помнить, что было на Бородинском поле 200 лет назад? Как они относились к историческим местам в своём городе? Почему?

3. Почему строители говорили, что Россию ждёт счастливое будущее?

4. Почему строители посоветовали Никите Михайловичу пойти в депутаты или на телевидение?

Глава 9
«ВОЙНА И МИР»
СЕРГЕЯ БОНДАРЧУКА

67

Через два дня мы вернулись в Петербург. Перед тем как попрощаться, Никита Михайлович сказал:

— Ты поговори с папой. Пусть он решает. Решит, какой ему дом нужен, поедем и всё организуем. Я понял, как можно **сэкономить** процентов 30 от той цены, за которую продают «РосЗемля» и «ПМП девелопмент». Ну, давай! До встречи! Буду ждать твоего звонка. Ты давай... узнавай всё побыстрее. И звони. Пока!

Генриетты Вячеславовны дома не было (она уехала на неделю к подруге в Ригу). Я принял ванну, поужинал и вышел в Интернет. Я набрал «Толстой, война и мир, бородинское сражение». Компьютер тут же сообщил: «Том 3, часть 3, главы с 19 по 39». Секунда — и текст уже передо мной. Я начал читать. Я не заметил, как пришло утро. За эту ночь я внимательно прочитал 20 глав о войне, которую русские назвали Отечественной. Войной за отечество, за землю отцов значит.

Я читал, и мне казалось, что я сам участвовал в сражении. Мне надо было успокоиться. Я снова принял ванну, а затем выпил кофе. Я давно заметил, что после кофе лучше засыпаю.

Перед тем как заснуть, я снова включил компьютер, вышел в Интернет и написал: «Война и мир». «Яндекс»[1] тут же мне выдал три «Войны и мира». Первый фильм сняли в 1956 году Кинг Видор и Марио Сольдати, второй — Сергей Бондарчук в 1967-ом и третий — Роберт Дорнхельм, через 40 лет после Бондарчука. Я подумал: «Какой бы из этих фильмов **скачать**?» Решил, что скачаю «Войну и мир» Бондарчука, потому что он русский и лучше **понимает** русского писателя Толстого. Я **нажал** на «скачать» и лёг спать.

Около двух часов дня меня разбудил телефон. Я открыл глаза и сначала не понял, где я. Я взял телефон и услышал папин голос:

— Серёга! Привет! Как дела? Я завтра на один день лечу в Хельсинки. Буду рядом с тобой. Утром туда, а вечером — обратно.

— Папа, а у тебя будет время встретиться со мной? — спросил я.

— Где?

— В Хельсинки. Я приеду на поезде. Это не проблема. Я могу взять билеты на 11:25 и в два часа дня по местному времени уже быть там. Встретимся, поговорим.

— Отлично! Договорились! Где встретимся?

— Папа, у тебя дела в центре города?

— Да.

— Мы можем встретиться на вокзале?

— На вокзале. О'кей, Серж. В час дня я буду на вокзале. У нас с тобой будет часа полтора. Где-нибудь пообедаем. Привет от мамы. Она тебя целует. До завтра!

Комментарий

¹ «Яндекс» — популярная российская поисковая система (www.yandex.ru).

68

В два часа дня поезд привёз меня на центральный вокзал Хельсинки. Я вышел из вагона. В здании вокзала у расписания сразу увидел папу. Папа сообщил, что уже нашёл для нас ресторан с финской национальной кухней. Ресторан был близко. Идти до него было не больше 10 минут. Пока мы шли, я коротко рассказал ему о своей жизни в Петербурге, а он — свои новости.

В ресторане я рассказал о своей поездке с Никитой Михайловичем в Москву и под Можайск. Папа внимательно слушал меня, а потом сказал:

— А ты знаешь, что я снимался в фильме Сергея Бондарчука «Война и мир»?

— Как? — воскликнул я. — Ты мне ничего об этом никогда не рассказывал! Этого не может быть! Ты шутишь!

— Да не шучу я! У нас дома даже есть старые чёрно-белые фотографии. Там я в форме французского солдата, — улыбнулся отец. — Если тебе это интересно, то я завтра пришлю тебе по электронке. О'кей?

— О'кей... — только и мог ответить я. — Слушай, а как тебя взяли на роль?

— «Взяли на роль»... — засмеялся папа. — Это был 1963 год. Я тогда в армии служил. Я точно помню день, когда нас всех собрали и привезли к Смоленску. Мы туда приехали 26 июля. Смешно, но нас сразу повели мыться, а потом дали нам военную форму. Я получил форму солдата французской армии. Потом нас учили сражаться так, как сражались в начале XIX века.

— А ты когда узнал, что будешь сниматься в кино?

— Вот когда форму получил, — улыбнулся отец. — Знаешь, сколько солдат привезли к Бондарчуку? Около 15 тысяч! Нам сказали, что в фильме мы будем смотреться как все 200 тысяч!

— Интересно, а сколько стоили съёмки этого фильма?

Кадр из фильма С.Ф. Бондарчука «Война и мир»

172

— Я слышал, что около 100 миллионов **долларов**.

— Пап, а это сколько сегодня?

— Думаю, что 500–700 миллионов. Настоящий **блокбастер!** Правда, тогда такого слова в русском языке не было. Если говорить современными словами, фильм «заработал» почти в три раза больше, чем он стоил! Его смотрели в 117 странах. Он даже попал в книгу рекордов Гиннесса[1]. Этот фильм есть на DVD с переводом на 17 языков!

— Круто! Очень круто! А почему американцы первыми сняли «Войну и мир»?

— Ну, первыми «Войну и мир» сняли русские. В 1915 году. Но ты сам понимаешь, какое кино было в начале XX века. Потом, действительно, был американский фильм. Его показали в СССР в 1959 году. Чтобы купить на него билет, в очередь вставали с вечера и стояли у касс всю ночь. Вот тогда руководители СССР и решили «ответить» американцам — снять свой фильм к 150-летию Бородинской битвы.

— Понятно...

Комментарий

[1] Книга рекордов Гиннесса (англ. The Guinness Book of Records) — ежегодная (начиная с 1956 г.) книга, в которой собраны мировые рекорды.

69

— А ты долго снимался в «Войне и мире»? — спросил я отца.

— До начала октября. Сначала снимали разные объекты: дорога, маленькое озеро, горки. Само сражение — в самом конце. Это было в сентябре. Сражение трудно было снимать. У режиссёра Сергея Бондарчука даже было плохо с сердцем. Нам об этом наши офицеры рассказывали.

— А где ты жил?

— В летнем военном лагере. Мы продолжали жить, как живут обычные солдаты.

— А в какой серии рассказывается о Бородинском сражении?

С.Ф. Бондарчук на съёмках фильма «Война и мир»

— В третьей. А в четвёртой — пожар Москвы.

— Пап, а ты есть на экране? Тебя можно там увидеть? Можно? Круто! А в какой сцене? У меня есть этот фильм. Хотел сегодня ночью посмотреть.

Папа объяснил, в какой сцене фильма он появляется в кадре.

Я слушал папу и думал, что в моей жизни никогда не было так много случайностей. Они начались тогда, когда я приехал в Россию. «Может, — подумал я, — в этом и есть главная загадка этой страны?»

— Папа, а у тебя было чувство, что ты участник сражения?

— Да, было. Хотя снимали фильм не на Бородинском поле, а в другом месте, под Смоленском. Ведь Бородино — музей под открытым небом, там сейчас везде памятники стоят.

— Расскажи, а как вас снимали? Народу же было много.

— К нам приходил военный **консультант** и говорил, кто и что должен делать. Потом нас строили и вели на поле. Давали зелёную ракету и начинали снимать: огонь, дым, пушки, кавалерия, и мы идём.

— Страшно?

— Да. Один раз я очень сильно испугался, когда рядом со мной выстрелила пушка. Я даже подумал, что на мне одежда загорелась. Потом лицо красным два дня было. Но ничего... Есть что вспомнить! — улыбнулся папа.

— А кавалерия на поле тоже была? — поинтересовался я.

— Я слышал, что в съёмках участвовало около 1000 кавалеристов. Они, конечно, не все сразу были в кадре, — улыбнулся он. — Четыре серии — много разных сцен. В Бородинской битве, как я говорил, снимались около 15 тысяч солдат, а во всех

сериях — 120 тысяч. Интересно снимали кавалерию. Кавалеристы встали в два круга. Один круг поехал налево, а другой — направо. **Камера** стояла в центре. Казалось, что тысячи человек едут друг на друга. Каждый проезжал мимо камеры раз пять или больше.

— Да, интересно... Папа, а на поле ведь было много «убитых»... Кровь...

— Не кровь, а красная **краска**! В фильме есть такая сцена: Бородинское поле после сражения. Нас положили на поле. Потом приехали пожарные машины и **полили** нас водой. Мы так лежали долго. Потому что это всё снимали несколько раз с разных точек. Знаешь, кто бегал между нами? Собака. Очень умная. Она играла волка. А ещё над нами летала чёрная птица. Тоже очень умная. Я всё удивлялся: как она понимает, что ей надо делать, когда снимают? Представляешь: волк бегает, птица смерти летает, мы лежим, а ещё между «убитыми» ездит Наполеон на белом коне... А ты знаешь, что этот фильм в 1968-ом получил «Оскара»[1] как лучший иностранный фильм?

— Нет, — улыбнулся я. — Так ты что, получил «Оскара»?

Кадр из фильма С.Ф. Бондарчука «Война и мир»

— Наверное, — рассмеялся отец и добавил: — Он ещё получил «Золотой глобус»[2] и премии на **кинофестивалях** в Москве и в Венеции.

— Ну, я не знал, что у меня такой знаменитый отец! — рассмеялся я. — Как я понимаю, фильм снимали почти 7 лет?

— Да. Из них 3 года — серию о войне 1812 года. Само поле начали снимать ровно через 151 год после битвы. День в день.

— Слушай, тысячи людей участвовали в съёмках. Бежали, стреляли. Кавалеристы... Пушки... Огонь... Дым... Как всё это снимали?

— Были сделаны специальные дорожки. По ним и двигалась камера. Ещё снимали с воздуха.

— А был кто-нибудь ранен?

— Как я знаю, никто не погиб и никто не был ранен. Всё было отлично организовано. Режиссёр фильма — замечательный человек. Я, кстати, назвал тебя в честь его.

«Нет! Не может быть! Это слишком! Так не бывает! — подумал я. — Это что же? Это значит, что судьба есть? Или...» Честно говоря, я не знал, что думать. Я решил подумать об этом в поезде, который через несколько часов должен был увезти меня обратно в Россию.

Комментарии

[1] «Оскар» (англ. the Oscar) — главная ежегодная кинопремия Американской академии кинематографических искусств и наук.

[2] «Золотой глобус» (англ. Golden Globe Award) — ежегодная американская кинопремия Голливудской ассоциации иностранной прессы.

ВОПРОСЫ К ГЛАВЕ 9

67

1. Как попрощались герои, когда вернулись в Петербург?
2. Что сделал Серж, когда приехал домой?
3. Почему Серж решил поехать в Хельсинки?

68

1. О чём никогда не рассказывал отец сыну?
Какое впечатление произвела эта информация на Сержа?
2. Как и когда отец Сержа стал киноартистом? Что должны были делать солдаты?
3. Кто, кроме С. Бондарчука, экранизировал «Войну и мир»?
4. Почему отец назвал «Войну и мир» блокбастером? Почему этот фильм попал в «Книгу рекордов Гиннесса»?

69

1. Как снимали фильм «Война и мир»? Сколько лет снимался этот фильм?
Что сильно испугало отца Сержа во время съёмок?
2. Какие премии получил фильм С. Бондарчука?
3. О чём думал Серж, когда слушал отца?
4. В честь кого был назван Серж?
5. Почему Серж не может ответить на вопрос «Есть судьба или нет?»

Глава 10
СУДЬБА

А. Катя

70

Вот и моя петербургская квартира. Я посмотрел на часы — первый час ночи. Настроение отличное! Здорово, что я съездил в Хельсинки и встретился с отцом.

Я немного отдохнул, поел и сел смотреть фильм. В эту ночь я посмотрел первые две серии. Смотрел с большим интересом. Две последние серии я решил посмотреть на следующий день.

Утром я поехал в свою языковую школу. Между занятиями я решил пойти в кафе и выпить чашку чая. К моему столику подошла девушка — на удивление без макияжа:

— Привет! Свободно?

— Да, — ответил я.

Она положила на один из стульев свои вещи и побежала что-то себе заказывать. Купила чай и пирожок, подошла к столу и села. Через минуту ей кто-то позвонил.

— Привет, — сказала она и спросила: — Так где мы собираемся? А Наполеон будет?.. В Москве?.. Когда вернётся?.. Хорошо. Я приду. Надо сегодня будет подготовить письмо в Международную военно-историческую ассоциацию... Нет, **заявку** на участие в Бородинской битве мы отправили в августе... Да... Нет... Без Олега мы это сможем... Нет, а вот это должен решить он... Нет, только Наполеон...

Я слушал и не верил своим ушам. Опять Бородино... Наполеон... Что за Наполеон? Неужели так называют русских мальчиков? Не может быть...

Когда она закончила разговор, я сказал:

— Привет! Меня зовут Серж. Серж Русинов. Можно просто Сергей. Я из Франции. Я изучаю здесь русский язык. Меня очень интересует Бородинское сражение. Несколько дней назад я был на Бородинском поле и многое узнал об этом сражении. А вчера я был в Хельсинки. Встречался там с отцом. Он русский. Он сказал мне, что, когда был в армии, участвовал в съёмках советского фильма «Война и мир». Извините, но я слышал ваш разговор. Вы говорили «Наполеон», «Бородино»... Вы не могли бы объяснить, что всё это значит? Извините, я немного волнуюсь.

— Очень приятно, Серж. Я Катя. В прошлом году мои друзья пригласили меня участвовать в **реконструкции** Бородинского сражения. В этом году в конце августа я снова туда поеду. А Наполеон — это Олег Валерьевич Соколов. Он специалист по военной истории Франции и реконструктор. Вы о нём не слышали?

— К сожалению, нет. Я не очень интересовался историей Франции. Так получилось, что я здесь, в России, начал интересоваться Бородинской битвой. Катя, извините, у меня к вам вопрос. А что такое «реконструкция»?

— Как бы это объяснить... В 90-ые годы это стало у нас модным увлечением. Ну, хобби, можно сказать. Стали появляться клубы исторической реконструкции и ещё разные другие общества. В них стали изучать эпизоды из истории и разыгрывать их в костюмах. Сами понимаете, для этого надо было изучать и одежду, и обычаи, и оружие разного времени. А сейчас это уже целое движение.

— Если я правильно понял, то вы собираетесь и играете как дети.

— Ну, это не совсем так, — улыбнулась Катя. — Мы ставим перед собой и научные цели. Чтобы более глубоко понять историю, мы используем, например, метод ролевой игры и научного эксперимента... Знаете, реконструкции же бывают разные... Есть, к примеру, реконструкция живой истории. Ну, это когда люди пытаются жить как в прошлом, учатся использовать музейные предметы, реконструируют разные техники. Кстати, Бородинское сражение такая реконструкция. А есть ещё **турниры**. Это когда проверяют только военные техники разного времени. Такие исторические представления устраивают для зрителей. Самые важные реконструкции в России — это Куликовская битва 1380 года и Бородинское сражение. Конечно же, есть реконструкции сражений и Великой Отечественной войны...

— А вы где встречаетесь с вашими друзьями, которые участвуют в этой самой реконструкции? Туда можно было бы прийти? — неожиданно для себя спросил я.

— Конечно, можно! Сергей, давай на ты? Хорошо? Записывай мой **мобильный**. Сегодня я должна встретиться с одним человеком. А наше собрание будет через неделю. Во вторник. Вот туда можем вместе пойти. Я тебя познакомлю с интересными людьми. Ты здесь ещё долго будешь?

— До Нового года.

— Отлично! Записывай телефон.

Я достал телефон. Она сказала:

— Пиши: 8... 911... 255 14 77... Катя. Набери меня.

Я нажал «вызов». Она посмотрела на телефон, улыбнулась, взяла его и записала в списке контактов: «Серж», а я записал: «Катя».

— Извини! Я должна бежать! Обязательно позвони! Нам люди нужны! Пока! – сказав это, она быстро встала, улыбнулась и побежала дальше.

71

В воскресенье днём я позвонил Кате. Она сразу узнала меня и сказала:

— Отлично! Молодец, что позвонил. Я сегодня на Невском проспекте во второй половине дня встречаюсь с одним человеком. Он уже много раз участвовал в реконструкции. Много интересного знает. Мы встречаемся у «Дома военной книги». Это на углу Невского и Большой Конюшенной улицы. Ты знаешь где? Отлично. Давай подъезжай туда к шести часам. Всё! Пока! До встречи!

Без десяти шесть я стоял у «Дома военной книги». Катя пришла ровно в шесть. Минут через пять появился высокий молодой мужчина и сказал:

— Извините, что заставил ждать. Встретил по дороге старого знакомого. Вы Серж? А я Арсений. Очень приятно. Ну, куда пойдём? Чай? Кофе? Сок? Пиво?

— Я — чай и что-нибудь вкусненькое и сладенькое! — улыбнулась Катя.

— Тогда в «Сладкоежку»! А мы с Сержем там по салатику съедим. Вы не против? — спросил Арсений.

— Нет! — ответили мы.

В кафе Арсений спросил меня:

— А почему вы стали интересоваться Бородином?

Я рассказал, как поехал «покупать землю» и попал на Бородинское поле. Ребята слушали меня внимательно, а потом посмотрели друг на друга и сказали: «Да! Это — судьба! Наш человек!» Я засмеялся: «Может быть!» Катя улыбнулась: «Не "может быть", а точно!»

От ребят я узнал, что первая реконструкция Бородина была в 1839 году при Николае I — брате Александра I. Тогда в реконструкции участвовало 150 тысяч солдат. Следующая реконструкция была в 1912-ом — в столетие Бородина. Арсений сказал, что у него дома есть много фильмов, **посвящённых** этому сражению. Один из них — документальный фильм 1912 года. В фильме Николай II[1] поздравлял войска, сражавшиеся на Бородинском поле.

— Потом праздника долго не было, — продолжал Арсений. — О нём как будто забыли. Хотя все дети в школе учили стихотворение Лермонтова «Бородино». «Скажи-ка, дядя...», слышал? **Праздновать** Бородино стали лет 40 назад. После выхода фильма Бондарчука «Война и мир». В 1989-ом военно-исторические клубы СССР провели фестиваль «День Бородина». Теперь это государственный праздник.

— Я не знал об этом.

— Теперь будешь знать! — снова улыбнулась Катя. У неё была красивая улыбка. — С 1995-ого это государственный праздник. Мы его отмечаем 8 сентября. Праздник называется День воинской славы России.

— А сколько человек собирается на Бородино? — поинтересовался я.

— Более 110 тысяч! Приезжают не только из России, но и из других стран. Ведь там, в земле, — вся Европа... — ответила Катя.

— Я знаю... А кто участвует в сражении?

— Военно-исторические клубы, — сообщил Арсений. — Знаешь, почему я увлекаюсь этой темой? Потому что мой дед этим увлекался. У нас дома есть Бородинское поле, русская и французская армии, пушки, редуты...

— Не понял? — удивился я.

— Объясняю. Мой прадед подарил на день рождения моему деду деревянных солдатиков времён Наполеона и Кутузова.

— А сколько лет исполнилось тогда твоему дедушке? — спросил я.

— Семь. Прадед подарил их и рассказал о Бородинском сражении. И ещё был один подарок: поход в Эрмитаж в Галерею 1812 года и в Казанский собор к Кутузову.

— А что это за галерея? — задал я вопрос.

— Ты ещё не был там? В Эрмитаже был? Да? Хорошо. Там есть галерея, в ней — 332 портрета участников войны 1812-го года.

— А почему в Казанский собор?

— Собор — памятник победы над Наполеоном. В 1813 году здесь был похоронен М.И. Кутузов, ещё здесь лежат ключи от взятых русскими городов и другие военные трофеи. Так вот, мой дед с семи лет стал интересоваться историей и «собирать» Бородинское поле. Многие фигурки он сделал сам. В день, когда моему отцу исполнилось семи лет, дед показал ему коллекцию, а потом они пошли в галерею и Казанский собор. То же самое было и тогда, когда мне исполнилось семь. Традиция, — улыбнулся Арсений и продолжил: — У деда собирались друзья и играли в Бородино, у отца собирались, и у меня собираются. Когда у меня будет сын, то я тоже сделаю ему такой же подарок на семь лет!

Могила М.И. Кутузова в Казанском соборе

— Ты с друзьями играешь в солдатиков? — улыбнулся я.

— Да. И это здорово! И Катя несколько раз играла. Да, Кать?[2] Тебе понравилось?

— Конечно! Было здоровски![3]

— Так что приходи. Я тебе обязательно позвоню и скажу, когда мы будем играть. Договорились? — сказал Арсений.

— Договорились! Спасибо! Обязательно приду!

Комментарии

[1] Николай II (1868–1918) — последний император Российской империи (1894–1917).

[2] Кать — ласковое или фамильярное обращение от имени Катя.

[3] Здоровски — (разг.) здорово, отлично.

После того как я съездил с Никитой Михайловичем на Бородинское поле и встретил Катю, моя жизнь изменилась. Мне стало интереснее жить.

Через Катю я познакомился не только с Арсением, но и с другими интересными людьми. С ними я встречался в военно-историческом клубе.

Моих новых знакомых можно было назвать успешными людьми. У них была хорошая работа. Процентов 90 имели высшее образование. Среди них были бывшие военные и историки, работники музеев и банков, преподаватели университетов и врачи. Некоторые приходили в клуб с жёнами и детьми. Кроме них, в клуб ходили студенты и пенсионеры. Все они были очень разными. Что их объединяло? То, что Бородино стало для них судьбой.

Я уже был у Арсения и играл на его Бородинском поле в солдатиков. Это правда было здорово! Я даже решил, что, когда вернусь в Париж, тоже сделаю себе Бородинское поле.

Я познакомился с удивительным человеком — Леонидом Фёдоровичем. Лет пять назад он вышел на пенсию. Всё своё свободное время он сидит в библиотеке — ищет новое о войне 1812 года.

Ещё я познакомился с Таней и Зиной — художницами по костюмам, работающими на телевидении. Они уже несколько раз участвовали в реконструкции Бородина. Я видел коллекцию одежды, которую они делали для реконструкции.

Таня пригласила меня к себе домой и показала альбомы военной формы разных европейских стран и России.

Катя познакомила меня с Васей, который собирал коллекцию военных карт 1812 года. Он их находил, а потом сам рисовал копии.

А вот моя хозяйка Генриетта Вячеславовна познакомила меня со своей хорошей знакомой — с 90-летней Ксенией Петровной. Дедушка этой **дамы** был участником Бородинской битвы и одним из наполеоновских солдат, которые остались в России. Ксения Петровна показала мне свою коллекцию откры-

Военная галерея 1812 года
(Эрмитаж, Санкт-Петербург)

ток, посвящённую войне 1812 года. Эту коллекцию начала собирать ещё её бабушка. Когда мы с Генриеттой Вячеславовной и Катей пришли к ней, она сказала, что будет со мной говорить только на французском. Это был прекрасный вечер! И французский был у Ксении Петровны такой, какой теперь можно найти только в романах времён Наполеона. Интересно, мой русский язык для русских тоже такой, как в начале XIX века?

Ещё мы были дома у Александра Ивановича, который лет 50 как коллекционирует литературу по Отечественной войне 1812 года.

В течение месяца я встретил много по-настоящему интересных людей. **Общение** с интересным человеком — самый дорогой подарок. Я был уверен, что таких подарков в течение жизни может быть немного. А тут... Я каждый день встречал людей, которые были очень разными и очень интересными. Каждый день я совершенно случайно узнавал что-то новое. Мне хотелось жить, дышать, знакомиться. И я уже давно перестал строить **жёсткие** планы. И мне это нравилось.

ВОПРОСЫ К ГЛАВЕ 10А

70

1. Чем занялся Серж, приехав из Хельсинки? Какое у него было настроение? Почему?

2. С кем Серж познакомился в кафе?

Можно ли такое знакомство назвать «судьбой»? Почему?

3. Что такое «реконструкция» и кто такой Олег Валерьевич Соколов?

71

1. С кем Катя познакомила Сержа?

2. Что и от кого Серж узнал о первой реконструкции Бородинского сражения? Когда военно-исторические клубы СССР впервые провели фестиваль «День Бородина»?

Что узнал Серж о Дне воинской славы России?

3. Что собирает Арсений? Во что Арсений играет дома с друзьями? Почему эту игру можно считать одной из традиций его семьи?

72

1. С какого момента изменилась жизнь Сержа?

Почему он перестал строить свои жёсткие планы?

2. Расскажите о новых знакомых Сержа. Как он с ними познакомился? Что их всех объединяло?

А вы бы хотели, чтобы у вас появились такие новые знакомые? Почему?

3. Что думал Серж о своём русском языке, когда говорил с Ксенией Петровной? А что думаете о своём русском языке вы?

Б. Реконструкция

73

Несколько раз я уже встречался с Олегом Соколовым, которого все называют Наполеоном. Он мне рассказал, что в 1999 году вышла его книга «Армия Наполеона». За эту книгу он получил от самого Жака Ширака[1] орден Почётного легиона[2].

Помню, я спросил Олега:

— А вы как «заболели» Наполеоном?

— Как и многие мои друзья, я в 9 лет прочитал «Три мушкетёра» Александра Дюма. Эта книга стала для нас жизнью. Когда мы читали её, мы начали играть «в мушкетёров». В 12 лет я как-то познакомился с одним человеком, у него была огромная коллекция, посвящённая Первой империи Наполеона. Я был готов изучать коллекцию день и ночь, но семья и школа сказали мне, что надо получить профессию. Тогда я пошёл в физико-математическую школу, а потом поступил в Ленинградский политехнический институт. Теперь это Политехнический университет.

— А когда вы учились в вузе, у вас не было времени заниматься Наполеоном? — задал я вопрос.

— Почему не было? Для любимого дела всегда есть время. В 1976-ом (тогда мне было 19 лет) надел французскую военную форму и поехал с друзьями в Копорье. Копорье — это деревня, которой почти 800 лет. Там есть старая крепость.

— А Копорье далеко от Петербурга?

— Нет. Километров 90 к югу от Питера, извини, Санкт-Петербурга. Когда-то крепость была русской, потом шведской, потом опять русской. Так вот, мы там жили три дня. Природа. Открытое небо. **Костёр.** Я был генералом, а четверо моих друзей — моими адъютантами.

— А почему крепость, ночь?..

— Я прочитал один французский роман. В нём несколько французских офицеров ночью оказываются в старой крепости. В крепости их ждало много сюрпризов. Очень хотелось почувствовать, как это могло быть... Нам казалось, что мы попали в

XVIII век. Ночью у огня мы говорили о сражениях, о любви, о том, что нас волнует.

— А где вы взяли французскую военную форму?

— Я тогда играл в одном театре. Там было много разных костюмов. В крепости мы сделали спектакль для себя. Мы были счастливы. Вскоре мы создали исторический клуб и назвали его очень **значительно** — «Империя». Мои друзья стали получать имена генералов армии Наполеона.

— А вы стали их Наполеоном?

— Да, — улыбнулся Олег.

Комментарии

[1] Жак Ширак (фр. Jacques René Chirac) (род. 1932) — французский политик, президент Франции (1995—2007).

[2] Орден Почётного легиона (фр. Ordre national de la Légion d'honneur) — французский национальный орден (и организация), учреждённый Наполеоном I Бонапартом в мае 1802 г., высшая награда во Франции.

74

— Мы изучали время Наполеона, — продолжал рассказывать Олег. — Выступали с докладами о его армии, управлении войсками, одежде, оружии...

— Вы сразу стали известными и популярными?

— Нет. Конечно, нет. У нас могли быть серьёзные проблемы, если бы власть узнала, что мы есть.

— Почему?

— Была партия[1], был комсомол[2]. Были клубы, которые они организовывали. Ну а самим организовываться было нельзя. У неофициальных организаций могли быть серьёзные проблемы с властью.

— Неужели это было так опасно?

— Опасно — громко сказано. Но могли быть проблемы. А потом — это уже было в начале 80-ых — одна моя знакомая учительница организовала урок-суд над бонапартизмом и пригласила меня. Я пришёл в костюме Наполеона, чтобы её ученикам было интереснее. Мне задавали много вопросов. Я на них отвечал. В общем, всем понравилось.

Мы говорили с Олегом и по-русски, и по-французски. Он прекрасно говорил на французском. Мне было интересно, где он изучал язык, и я его спросил об этом. Он ответил:

— Серж, мне кажется, что я заговорил на французском во сне. Я тогда учился в 8-ом классе. Потом я стал читать на французском книги, написанные французскими офицерами. Затем играть в театре, в котором спектакли шли на французском. Моей фонетикой вообще занимался один очень известный специалист по французскому.

— Повезло, — сказал я, — а вот у меня фонетика не очень хорошая.

— Надо работать. Найти хорошего преподавателя и работать, — улыбнулся Олег.

Комментарии

[1] Партия — зд.: Коммунистическая партия Советского Союза (аббр. КПСС), единственная официальная политическая партия в СССР.

[2] Комсомол (аббр. от Коммунистический союз молодёжи) — политическая молодёжная организация в СССР.

75

— Катя мне говорила, что вы снимались в кино, — сказал я Олегу.

— Да. Например, во французском фильме «Ужасная русская кампания». В 1999—2000-ом сделал 25 передач для телевидения Белоруссии. Они назывались «Неизвестный Наполеон». Делал передачи и для французского телевидения. Участвовал в вашей программе **«Корни и крылья»**.

— Да, я знаю. Это наша национальная телевизионная программа. Очень популярная. В неё приглашают настоящих звёзд. Обычно только один раз.

— Меня приглашали дважды, — сказал Олег. — Мне сказали, что из 60 миллионов французов полтора часа у телевизора сидели и слушали меня 12 миллионов.

— Так это каждая семья! — удивился я.

— А несколько лет назад английский канал BBC снимал фильм о том, как французская армия уходила из России. В этом фильме я сыграл Наполеона. После этого мне позвонили с канала History channel и предложили сыграть Наполеона в художественном фильме «Последняя армия Наполеона».

— А на российском телевидении вы что-нибудь делали?

— Да. Но для меня это был не самый лучший опыт. Недавно, например, я сделал передачу для одного из наших каналов. Сделал один. Я написал весь текст, сам его читал и показывал уникальные материалы. Как вы думаете, сколько мне за это заплатили?

— Ну, думаю достаточно, чтобы спокойно жить полгода.

— Хотите верьте, хотите нет — 850 рублей. Или 20 евро. Я не знаю, как к этому относиться. И заплатили мне столько не потому, что это я такой, а потому, что в нашей стране сегодня так платят за **интеллектуальный** труд.

— Я слышал об этом. Но это невозможно понять... Невозможно не думать о будущем.

— Правильно, невозможно! А какое же будущее у человека без прошлого? Мы же не **обезьяны**, чтобы жить только настоящим.

76

— Олег, вы окончили Политех, а преподаёте историю в университете... Как это может быть?

— После Политеха я поступил на исторический факультет нашего Санкт-Петербургского университета. Быстро сдал все экзамены на отлично и пошёл работать в Артиллерийский музей. В 1987-ом сделал выставку, посвящённую войне 1812 года. Этой выставкой я хотел сказать и впервые сказал, что и русские, и французы — герои. Потому что в наших учебниках было так: русские — хорошие, французы — плохие.

— А как вы смогли организовать первую реконструкцию Бородина?

— Я познакомился с Анатолием Новиковым. Он был капитаном ВДВ[1]. Он мне рассказал, что в Европе многие участвуют в исторической реконструкции. Меня и моих друзей это очень удивило. Мы не знали, что в мире есть такие же странные люди, как мы. Летом 1988 года Новиков помог организовать через комсомол военно-исторический поход «От Москвы до Березины». Вот тогда мы впервые громко о себе и сказали! Когда мы шли в военной форме 1812 года, народ выбегал на улицу и смотрел на нас. Нас встречали хлебом и солью. Это такая русская традиция встречать самых дорогих гостей. Мы видели счастливые лица людей, которые соскучились по живой и яркой истории. На следующий год в стране появилось много военно-исторических клубов. Начиная с 1989 года мы каждый год в первое воскресенье сентября организуем Бородинское сражение.

— Всё сражение? — удивился я.

— Нет, конечно. Только эпизоды великого сражения.

А ещё Олег мне рассказал, как организовал огромную историческую реконструкцию под Варшавой — сражение при Пултуске[2]. В этом сражении приняли участие 1,5 тысячи людей, занимающихся реконструкцией. Они приехали в Польшу со всех стран Европы. Накануне битвы войска **торжественно** вошли в

О.В. Соколов

191

Варшаву. Во главе их ехал император (это был Олег) в **расшитом** золотом **мундире**. На следующий день состоялось большое сражение, которое пришли смотреть десятки тысяч поляков. Ещё Олег мне рассказал о **декорациях**, сделанных одним из лучших художников Польши. Художник построил не только холмы, но и маленькую копию Пултуской крепости. Кроме этого, были сделаны польская деревня, мост и укрепления. Зрители были в полном восторге! А вечером, после сражения, Олег сделал праздник для своих друзей-офицеров в Королевском дворце Варшавы. В годы Второй мировой войны этот дворец был почти уничтожен. После его реконструкции в нём никто и никогда не танцевал. И вот впервые после этой войны **замок** увидел красивых женщин в красивых платьях, танцующих со своими офицерами!

Когда Олег рассказал об этом, он спросил меня:

— Вы слышали об Институте благородных девиц Почётного легиона?

— О Maisons d'éducation de la Légion d'honneur? Да, конечно! Наполеон приказал организовать его в Париже в 1805 году, сразу после Аустерлица. Сегодня есть два дома, в Сен-Дени и Ложе. Это очень **престижные** школы. В них учатся дочки и внучки кавалеров ордена Почётного легиона.

— Верно. Так как я иностранный кавалер этого ордена, моя вторая дочь (её зовут Анна) учится там. Ей 15 лет. Она не только первая русская девушка, которая стала студенткой института, но и одна из лучших его учениц!

— Извините, если не секрет, сколько у вас детей?

— Трое. Скоро будет четвёртый. Пока все девочки, — улыбнулся Олег.

«Да, — подумал я, — когда я говорю с моими европейскими друзьями, они редко удивляют меня. А в России каждая встреча — это всегда что-то новое и что-то очень и очень интересное и важное для меня!»

После знакомства с Олегом я спросил Катю, могу ли я принять участие в реконструкции Бородинского сражения. Она, как всегда, улыбнулась и сказала: «Конечно!» Я почувствовал себя самым счастливым человеком!

Комментарии

[1] ВДВ (аббр. от воздушно-десантные войска) — род войск, предназначенный для боевых действий в тылу врага.

[2] Сражение при Пултуске — сражение между русскими и французскими войсками в декабре 1806 г. Обе стороны объявили о своей победе, но фактически армии остались на своих местах.

77

Прошло почти полгода. Это время пролетело быстро. У меня появилось много друзей. И самое главное, Катя стала моей девушкой.

Всю весну и всё лето мы готовились к первому выходному дню сентября — ко дню реконструкции великого сражения.

Этот день будет завтра.

Пять дней назад мы приехали на Бородинское поле. В первый день мы с Катей пошли к Татьяне Андреевне. Перед тем как к ней пойти, я надел военную форму солдата русской армии, а Катя — крестьянское русское платье начала XIX века. Татьяна Андреевна очень обрадовалась, увидев нас. А потом спросила:

— Ну, Серёжа, будешь здесь землю покупать?

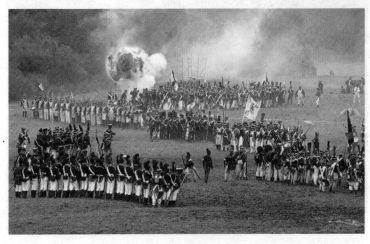

— Нет, — ответил я серьёзно. — Я буду эту землю защищать. Мы приехали на реконструкцию Бородина. Уже скоро начнётся наше великое сражение.

— И правильно, — улыбнулась она. — У нас ведь тут суд недавно был. Те, кто нашу землю продавал, теперь в тюрьме сидят. Дома на Бородинском поле строить больше нельзя.

Потом Татьяна Андреевна приготовила ужин. Мы сели за стол под иконами и долго-долго говорили. Говорили обо всём. Вдруг она вспомнила:

— Серёженька! Я же забыла тебе сказать! У меня вчера Никита Михайлович был!

— Никита Михайлович? Странно... Мы с ним недавно говорили... Он мне не говорил, что сюда собирается. А где он остановился? В гостинице, наверное? Привёз кого-нибудь земли смотреть?

— Не знаю. Он, кажется, у Николая остановился.

Следующие четыре дня мы с нашим клубом готовились к реконструкции. На поле я видел и Олега Соколова. Говорил с ним. Узнал, что в его семье появилась четвёртая дочь. Интересно, будет ли пятый ребёнок?

Количество людей, которые приехали посмотреть сражение, росло с каждым днём. Росло и количество **палаток**. Вечерами всюду горели костры и были слышны русские и французские песни. Я слышал не только русскую и французскую речь, но и итальянскую, немецкую, польскую, испанскую, украинскую, литовскую... В воздухе жил праздник. Все чувствовали себя как одно целое.

Я был удивлён тому, сколько замечательных, умных и красивых людей увлекаются историей и участвуют в работе военно-исторических клубов.

Удивляло меня и количество зрителей. Их было очень много. Люди приехали семьями и привезли с собой детей. Каждый из них хотел сфотографироваться с теми, кто был в одежде начала XIX века.

Я смотрел на русских и думал, что у этой страны должно быть не только великое прошлое, но и будущее, хорошее будущее.

Не только участники сражения, но и зрители жили ожиданием следующего дня. Я тоже ждал. Я так ждал сражения, что не мог даже спать.

Вечером накануне великого сражения я вдруг услышал знакомый голос:

— Сергей Андреевич! Русинов!

Я повернул голову и увидел... Никиту Михайловича. а нём была... форма французского солдата.

— Серёжка! Как же я рад тебя видеть! А ведь это судьба, что мы тут, правда? Завтра нас ждёт великий день, и до него осталась только одна ночь... Слушай, а у меня тут одна идея появилась — давай обсудим после сражения. Отличный проект, перспективный бизнес... Не пожалеешь, честное слово!

Я только улыбнулся в ответ. Опять наполеоновские планы — кажется, в России и сегодня так говорят о больших, далеко идущих планах. А почему бы и нет?

Наполеон Бонапарт
после отречения во дворце Фонтенбло

ВОПРОСЫ К ГЛАВЕ 10Б

73

1. За что Олег Соколов получил орден Почётного легиона?

2. Как Олег увлёкся французской историей и Наполеоном?

3. Почему Олег с друзьями поехал в Копорье?

А вы бы хотели принять участие в таком приключении? Почему?

4. Как Олег стал «Наполеоном»?

5. Можно ли назвать Олега и его друзей романтиками? Прошло ли время романтиков? Аргументируйте ответ.

74

1. Чем занимался Олег в клубе «Империя»?

2. Какой совет Олег дал Сержу относительно того, как можно улучшить свой русский язык?

75

1. В каких фильмах снимался Олег Соколов? Кого он в них играл?

Какие передачи и о ком Олег делал на телевидении?

Что Олег рассказал Сержу о своём участие в программе телевидения Франции «Корни и крылья»?

2. Почему Олег назвал свой опыт работы на российском телевидении «не самым лучшим»?

3. Выразите отношение к фразам: «А какое же будущее у человека без прошлого?»; «Мы же не обезьяны, чтобы жить только настоящим».

76

1. Какое образование получил Олег Соколов?

Где он работал после окончания вузов? Какую идею он хотел вложить в свою первую выставку, посвященную войне 1812 года?

2. Что Олег узнал от капитана ВДВ Новикова? Чем тот помог Олегу?

Как люди встречали участников первого исторического похода? Почему?

3. С какого года Олег проводит реконструкцию эпизодов Бородинского сражения? Как часто?

4. Что вы узнали о реконструкции сражения при Пултуске?

5. Что вы узнали об Институте благородных девиц Почётного легиона?

Почему Олег вспомнил в разговоре об этом учебном заведении?

6. Что думал Серж о своих европейских и российских друзьях?

7. Что сделало Сержа счастливым человеком?

77

1. Какие изменения произошли в жизни Сержа?

2. Как встретились Серж и Катя с Татьяной Андреевной?

Что имела в виду Татьяна Андреевна, сказав Сержу: «Вот ты теперь какой...»?

3. Что сообщила Татьяна Андреевна о Никите Михайловиче?

Зачем Никита Михайлович приехал в Бородино?

Изменила ли его весенняя поездка в Бородино? Как?

4. Какие люди собрались на Бородинском поле? Как жило поле вечерами?

Чему удивлялся Серж? Что он думал, когда смотрел на участников реконструкции и её зрителей?

5. Зачем отец посылал Сержа в Россию? Выполнил ли Серж задание отца? Почему вы так думаете?

6. Строите ли вы наполеоновские планы?

Словарь

А
агент (6)*
аргумент (25)
арестовать (СВ) (11)
артиллерия (9)
атака (48)

Б
бакалавр (1)
бандит (65)
бар (6)
баран (14)
батарея (33)
беда (5)
блестеть (48)
блинчик (3)
блокбастер (68)
браво (53)
бронзовый (33)
будить/разбудить (14)
бухгалтерия (28)

В
в общем (2)
вдоль (26)
вера (36)
вздохнуть (СВ) (11)
визитка (7)
виноватый (19)
влюбиться (СВ) (12)
внести (СВ) (36)
войско (8)
воскликнуть (СВ) (34)
восковой (30)
восстание (58)
выгодный (5)
выпустить (СВ) (44)
высота (45)
выстрел (51)
выстрелить (СВ) (50)

Г
гастарбайтер (31)
гвардеец (12)

гектар (7)
глава — во главе (13)
главнокомандующий (24)
госпиталь (54)
господь (8)
грабить (НСВ) (56)
грех (55)
грибочек (26)
гробница (17)
губернатор (18)

Д
дама (72)
дар (56)
дворянский (18)
декорация (76)
деловой (1)
деревенский (24)
десяток (38)
дикарь (29)
диплом (1)
диск (2)
договор (16)
дожить (СВ) (28)
доллар (68)
древний (9)
дурак (м. р.) (5)
дым (58)

Е
ерунда (2)

Ж
жалеть (НСВ) (2)
жаловаться (НСВ) (63)
жёсткий (72)

З
забор (26)
замок (76)
зарабатывать/заработать (5)
зато (24)

заявка (70)
земляк (34)
значительно (73)

И
идиот (29)
икона (26)
император (3)
индивидуальный (7)
инженерный (18)
интеллектуальный (75)
Интернет (2)
испугаться (СВ) (44)

К
кавалерист (29)
кавалерия (42)
кадр (68)
камера (69)
канализация (7)
капиталист (9)
капитан (18)
карьера (19)
категорично (18)
квашеный (26)
кинофестиваль (69)
кирпич (26)
кладбище (33)
кланяться (НСВ) (17)
классик (49)
клиент (7)
князь (18)
колонна (44)
колхоз (7)
командовать (НСВ) (6)
компания (1)
комплекс (12)
консультант (69)
конь (41)
копировать (НСВ) (18)
копия (35)
корень (75)
коровник (32)
король (9)

---

* В скобках номер текста, где впервые встречается слово.

корона (33)
коррупция (28)
коттедж (7)
красавец (21)
краска (69)
крепость (21)
крест (33)
круг (17)
крутой (8)
крыло (75)
кстати (1)
кулак (29)
культурно (10)

Л
лавка (26)
лагерь (18)
лев (14)
лейтенант (9)

М
магистр (1)
майор (20)
макияж (7)
маршал (50)
маршрутка (2)
материал (32)
мафия (28)
мобильный (70)
могила (31)
молиться/помолить-
  ся (35)
монастырь (32)
мужик (8)
мундир (76)

Н
нажать (СВ) (67)
налить (СВ) (26)
направить (СВ) (49)
начальник (7)
негодяй (14)
независимый (16)
неожиданно (1)
нефть (28)
ночевать (НСВ) (25)

О
обезьяна (75)
облетать/облететь (36)
обмануть (СВ) (50)
общаться/пообщать-
  ся (1)
общение (72)
окружить (СВ) (34)
оладьи (мн.) (3)
орден (15)
орёл (33)
отдел (1)
отличаться (НСВ) (3)
отрезать (СВ) (54)
отряд (62)
отставка — выйти в от-
  ставку (11)
отступление (15)
офис (1)
охрана (30)

П
палатка (77)
панорама (30)
партизан (57)
переворот (13)
перевязка (43)
передразнивать (НСВ)
  (18)
переночевать (СВ) (6)
перспективный (1)
пехота (42)
печёный (34)
печка (26)
письменный (26)
планировать (НСВ) (2)
племянник (18)
плен (49)
пленный (41)
плита (33)
повернуть (СВ) (25)
повозка (55)
погубить (СВ) (14)
подвиг (53)
подвинуть (СВ) (54)
подготовка (23)

поделить (СВ) (19)
поджечь (СВ) (34)
пожар (56)
пожать руку (СВ) (7)
пожилой (26)
позавидовать (СВ) (63)
покупка (25)
полить (СВ) (69)
полковник (20)
полководец (18)
помещик (28)
посвятить (71)
поспать (СВ) (20)
посредник (25)
поссориться (СВ) (34)
поход (38)
похоронить (СВ) (17)
праздновать (НСВ) (71)
представлять/представ-
  вить (8)
престижный (76)
придумать (СВ) (3)
приличный (2)
принцесса (40)
приятель (2)
прятаться (НСВ) (48)
пушка (41)
пьяный (28)

Р
развестись (СВ) (11)
разрушать/разрушить
  (31)
расстояние (46)
расшитый (76)
реклама (5)
реконструкция (70)
ремонтировать (НСВ)
  (39)
реформа (40)
рисковать (НСВ) (1)
рост (6)
ружьё (48)
рукопашный (48)
рыбалка (10)

С

свистнуть (СВ) (30)
сгодиться (СВ) (37)
сдаться (СВ) (56)
сенатор (18)
сердито (18)
серия (69)
сжигать/сжечь (43)
скачать (СВ) фильм,
   музыку (67)
слава (8)
сладкоежка (71)
случайно (22)
смелость (56)
смертельно (15)
совесть (29)
соединиться (НСВ) (34)
сойти/сходить с ума (6)
солёный (26)
союзник (23)
спальня (19)
спаситель (16)
сражаться (НСВ) (5)
сражение (8)
ссылка (5)
стекло (57)
стереотип (16)
стопочка (26)
страх (50)
стрелять (НСВ) (48)
стукнуть (СВ) (52)
сумасшедший (58)
сэкономить (СВ) (67)
сюрприз (4)

Т

тайно (35)
танк (28)
телевидение (66)
термос (27)
типичный (3)
тонна (17)
торжественно (76)
трагедия (29)
трактор (5)
трубка (43)
турнир (70)
тяжело (54)

У

уверенно (25)
угадать (СВ) (9)
удача (11)
ужас (28)
украсть (СВ) (28)
укрепление (39)
умножить (СВ) (43)
унести (СВ) (26)
уничтожить (СВ) (32)
упоённый (56)
управление (14)
уснуть (СВ) (57)
успешный (1)
участок (5)

Ф

фантазия (16)
фигура (30)
фитнес (2)

Х

флaнг (45)
флот (23)
формально (41)

Х

хакер (28)
хитро (9)
холдинг (7)
холм (30)

Ц
ценность (59)

Ч
человеческий (21)
честно (2)
чёрт (29)

Ш
шампанское (1)
шок (10)
штаб (20)
штучка (21)

Э
эксклюзив (10)
электричка (25)
эмоциональный (15)

Ю
юбилей (32)

Сокращения

аббр. — аббревиатура
англ. — английское
ж. р. — женский род
зд. — здесь
идиом. — идиоматическое
ирон. — ироничное
мн. — множественное число
м. р. — мужской род
наст. — настоящее
нем. — немецкое
польск. — польское
прил. — прилагательное
прост. — просторечное
разг. — разговорное
совр. — современное
фр. – французское

Литература

1. *Бабкин, В.И.* Народное ополчение в Отечественной войне 1812 года / В.И. Бабкин. — М. : Соцэкгиз, 1962. — 212 с.

2. *Балязин, В.Н.* Михаил Кутузов / В.Н. Балязин. — М. : Московский рабочий, 1991. — 238 с.

3. *Безотосный, В.М.* Наполеоновские войны / В.М. Безотосный. — М. : Вече, 2010. — 383 с.

4. *Бескровный, Л.Г.* Отечественная война 1812 года и контрнаступление Кутузова / Л.Г. Бескровный. — М. : АН СССР, 1951. — 179 с.

5. *Богданов, П.* На поле Бородинском / П. Богданов. — М. : Воениздат, 1987. — 62 с.

6. *Бородино.* Государственный Бородинский военно-исторический музей-заповедник : фотопутеводитель / авт. и сост. Е.В. Винокурова. — М. : Планета, 1991. — 191 с.

7. *Делдерфилд, Р.Ф.* Наполеон. Изгнание из Москвы / Р.Ф. Делдерфилд; пер. с англ. В.Г. Сапожникова. — М. : Центрполиграф, 2002. — 381 с.

8. *Манфред, А.З.* Наполеон Бонапарт / А.З. Манфред. — М. : Мысль, 1989. — 733 с.

9. *Отечественная война 1812 года* : энциклопедия. — М. : Российская политическая энциклопедия (РОССПЭН), 2004. — 880 с.

10. *Соколов, О.В.* Аустерлиц. Наполеон, Россия и Европа, 1799—1805 гг. — М. : Русский импульс, 2006. — 320 с.

11. *Соколов, О.В.* Армия Наполеона. — СПб. : Империя, 1999. — 588 с.

12. *Тарле, Е.В.* 1812 год / Е.В. Тарле. — М. : АН СССР, 1994. — 544 с.

13. *Тарле, Е.В.* Наполеон / Е.В. Тарле. — М. : Астрель: АСТ Москва, 2009. — 413 с.

14. *Тарле, Е.В.* Отечественная война 1812 года / Е.В. Тарле. — М. : Пресса, 1994. — 544 с.

15. *Троицкий, Н.А.* 1812. Великий год России. — М. : Мысль, 1988.

16. http://rufact.org/wiki/%D0%9E%D1%82%D0%B5% D1%87%D0%B5%D1%81%D1%82%D0%B2%D 0%B5%D0%BD%D0%BD%D0%B0%D1%8F%20 %D0%B2%D0%BE%D0%B9%D0%BD%D0%B0%201812%20 %D0%B3%D0%BE%D0%B4%D0%B0

17. http://otvet.mail.ru/question/18403678/

18. http://www.liveinternet.ru/users/634766/tags/%E2% EE%E9%ED%E0/

19. http://maruschak3.narod.ru/fotogalereya/

20. http://ru.wikipedia.org/wiki/%C2%E5%EB%E8%EA%E0%FF_%E0%F0%EC%E8%FF

21. http://www.kazaki-narod.ru/novosti/poezdka-v-muzej-zapovednik-borodinskoe-pole-v-godovschinu-200-letiya-otechestvennoj-vojny-18

22. http://www.modern-games.com/stati/354-genprokuratura-napravila-v-sud-delo-o-poluchenii-pod-dachi-uchastkov-na-borodinskom-pole.html

23. http://www.borodino.ru/index.php?page=prepare&type=view&DocID=75200

Фильмы и видеозаписи

1. 1812 (1—4 серии из 4) (Россия, 2012)

2. 1812 год. Отечественная война (1912, Россия)

3. 1812. Первая Отечественная. (2011, Россия)

4. 1812: Энциклопедия великой войны (1—56 серии из 56) (Россия, 2012)

5. Багратион (СССР, 1985)

6. Война 1812 года. Первая информационная (Россия, 2012)

7. Война и мир / War and Peace (США, Италия, 1956)

8. Война и мир Александра Первого. Наполеон против России (Россия, 2012)

9. Война и мир (СССР, 1967)

10. Война и мир / War And Peace. (1—8 серии из 8) (Италия, Франция, Россия, Германия, Польша, Испания, 2007)

11. Кутузов (СССР, 1943)

12. Наполеон / Napoleon (США, Германия, Канада, Франция, Великобритания, Италия, Испания, Чехия, Венгрия, 2002)

13. Наполеон. 1812 год. Дорога на Москву / Napoleon. 1812: The Road to Moscow (США, 1992)

14. Неизвестная война 1812 года (Россия, 2012)

15. Реконструкция событий 1812 года. Смоленск (Россия, 2010)

16. Реконструкция сражения 1812 года на Бородинском поле (Россия, 2011)

17. Реконструкция сражения 1812 года под Малоярославцем (Россия, 2008)

18. Тайные знаки. Кутузов. Три смерти фельдмаршала (Россия, 2009)

В оформлении издания использованы следующие фотоматериалы:

http://dic.academic.ru/pictures/wiki/files/70/Finec.jpg
http://www.sovet1812.ru/proekt/borodino.jpg
http://www.otels.ru/Fotos/Hotels/2944/Big/05.jpg
http://www.temples.ru/private/f000125/125_0074259b.jpg
http://cripo.com.ua/0312/20_things__15.jpg
http://www.abc.net.au/reslib/200701/r123272_3390924.jpg
http://img-fotki.yandex.ru/get/5821/32047366.65/0_7e231_20b54044_XL.jpg
http://ilene.typepad.com/.a/6a010536583aff970b014e5f44662f970c-pi
http://bm.img.com.ua/img/prikol/images/large/0/4/121740_197750.jpg
http://os1.i.ua/3/1/8535179_3289907b.jpg
http://img0.liveinternet.ru/images/attach/c/1/49/855/49855213_YErfurt_Napoleon_Aleksandr_I.jpg
http://www.mil.ru/files/morf/tilzit_superbig.jpg
http://www.mk.ru/upload/article_images/f5/b2/54/495_21544.jpg
http://86.r.photoshare.ru/00862/00838fdfeba088b7714baf112f550f19198b5053.jpg
http://img-fotki.yandex.ru/get/4424/44617652.a8/0_67700_4147198_XXL.jpg
http://dic.academic.ru/pictures/wiki/files/80/Prince_Bagration.jpg
http://www.bsigroup.ru/upload/BattlePeoples.jpg
http://img-fotki.yandex.ru/get/4602/e675xa.7f/0_468a8_eec23d28_XL.jpg
http://www.maslovka.org/images/555/GERASIMOVSV-17.jpg
http://upload.wikimedia.org/wikipedia/commons/thumb/f/fc/Paris_Tombeau_Napol%C3%A9on.
jpg/800px-Paris_Tombeau_Napol%C3%A9on.jpg
http://vokrugsveta.de/upload/tour/50c/50c096fa9c40690791e71fc9b6c5a910.jpg
http://images.google.ru/imgres?q=%D1%81%D1%83%D0%B2%D0%BE%D1%80%D0%BE%D0%B2
+%D0%B0%D0%BB%D0%B5%D0%BA%D1%81%D0%B0%D0%BD%D0%B4%D1%80+%D0%B
2%D0%B0%D1%81%D0%B8%D0%BB%D1%8C%D0%B5%D0%B2%D0%B8%D1%87&hl=ru&n
ewwindow=1&sa=X&tbs=isz:l&tbm=isch&tbnid=8v1SfKaPGHIffM:&imgrefurl=http://pedagogprav.
ucoz.ru/publ/velikie_pravoslavnye_polkovodcy/1-1-0-17&docid=dhXKqn1KhURFsM&imgurl=http://
pedagogprav.ucoz.ru/suvorov.jpg&w=1421&h=1951&ei=QOpNUI3SD8b24QS3jIG4Dw&zoom=1&iact=h
c&vpx=781&vpy=185&dur=1578&hovh=263&hovw=192&tx=113&ty=142&sig=1173802475661346363
02&page=1&tbnh=139&tbnw=105&start=0&ndsp=32&ved=1t:429,r:5,s:0,i:106&biw=1206&bih=841ht
tp://f9.ifotki.info/org/d16cf91afbe28c245c9f35aebba2939ad45cb0109826125.jpg
http://images.google.ru/imgres?q=%D0%BC%D1%83%D0%B7%D0%B5%D0%B9+%D1%81%D1
%83%D0%B2%D0%BE%D1%80%D0%BE%D0%B2%D0%B0%D0%B0+%D0%B2+%D0%BD%D0%BE%
D0%B2%D0%BE%D0%B9+%D0%BB%D0%B0%D0%B4%D0%BE%D0%B3%D0%B5&hl=ru&n
ewwindow=1&sa=X&tbs=isz:m&tbm=isch&tbnid=FSVbPiaTQ7QqPM:&imgrefurl=http://samogid.
ru/node/832&docid=AUyM-KA5jAagiM&imgurl=http://www.samogid.ru/sites/default/files/
imagecache/640x480/Ladoga1911.jpg&w=526&h=480&ei=H-tNUPWaA8ei4gSxm4HwAg&zoom=1&ia
ct=hc&vpx=307&vpy=275&dur=4485&hovh=214&hovw=235&tx=125&ty=131&sig=11738024756613
4636302&page=1&tbnh=148&tbnw=157&start=0&ndsp=21&ved=1t:429,r:11,s:0,i:112&biw=1206&b
ih=841
http://www.runivers.ru/upload/iblock/404/rumyancev.jpg
http://img1.liveinternet.ru/images/attach/c/1/62/390/62390835_1281082947_vzjatie_izmaila.jpg
http://www3.mediafire.com/imgbnc.php/935eebcf357db084b90ba20adbd9fbd48c1c0b64fe0777757586a095
f8c910785g.jpg
http://img5.mynet.com/ha6/o/osman-fal5.jpg
http://images.tourister.ru/files/8/9/0/8/2/4/890824.jpg
http://img.tourister.ru/files/8/9/0/8/2/4/890824.jpg
http://knigiorel.narod.ru/SDC18822.JPG
http://original-life.ru/image/cache/data/_TIM33069o_enl-800x800.jpg
http://img-fotki.yandex.ru/get/4809/amskhalaya.de/0_61144_1a68639d_XL
http://spasskievorota.ru/kiprensky.jpg
http://img0.liveinternet.ru/images/attach/c/2/74/620/74620774_1236068789_1024_0.jpg
http://seegal.ucoz.ru/_ph/17/2/119864294.jpg
http://www.13doors.ru/sculpture/316-umirayushhij-lev-das-loewendenkmal.html
http://dlm3.meta.ua/pic/0/47/39/mx8W0_Ki7t.jpg
http://www.nemiga.info/peterburg/smolensk/monument-8.jpg
http://img-fotki.yandex.ru/get/5412/6887187.0/0_9d410_a80a1387_XL
http://www.vokrugsveta.ru/photo/thumbnails/1024/7617.jpg
http://images03.olx.ru/ui/15/63/52/1314692064_216546152_1----.jpg
http://img-fotki.yandex.ru/get/5412/78574586.1b/0_a3f1f_58a816ce_XL
http://img-fotki.yandex.ru/get/6200/50838422.60/0_7a97c_96d69d6c_XL
http://www.sozhnews.info/uploads/posts/2011-05/1305881113_avtolavka.jpg

http://gidtravel.com/images/1_1284454751.jpg
http://img0.liveinternet.ru/images/attach/c/4/79/588/79588426_04_izyumskie_gusaruy.jpg
http://st.kinopoisk.ru/images/cover/17081_1.jpg
http://www.building-future.org/content/images/img_2_2_06.jpg
http://www.blackseanews.net/files/image/(86-99-99-99)/24616.jpg
http://cbs.sev-info.net/graph/hbook/image053.jpg
http://www.lipilin.ru/fotowork/2008/fotowork70/fotowork70.38.JPG
http://www.zerkalotv.ru/alboms/3/8030/spaso--borodinskiy-monastir.jpg
http://domosedovnet.narod.ru/2010/borodino/015.jpg
http://img-fotki.yandex.ru/get/4420/93111285.37/0_706e3_88c7d6be_XL
http://img-fotki.yandex.ru/get/6105/18477083.22/0_5c950_203edd19_XL
http://youedu.ru/uploads/posts/2010-05/1274544837_img_2050_resize.jpg
http://artnow.ru/img/496000/496302.jpg
http://img-fotki.yandex.ru/get/5006/klarissa-est.16/0_6d63b_6223dfcb_XL
http://s14.radikal.ru/i187/1109/a9/fd7c844dabcbt.jpg
http://img0.liveinternet.ru/images/attach/c/4/78/331/78331568_large_1725700_bitva.jpg
http://www.territa.ru/_ph/898/2/563385171.jpg
http://www.tlacanada.com/TLA/TLA%20JPEG/Historex/Infantrie%20de%20la%20Ligne%201807-12%20-%20small.jpg
http://www.opoccuu.com/borsr02.jpg
http://kaplyasveta.ru/wp-content/uploads/2011/04/sovet-v-filyah2.jpg
http://transport.moxa.ru/images/tapeitems/1072/1313398097.jpg
http://img-fotki.yandex.ru/get/4708/77111264.5c/0_694c6_5c3e5842_XLhttp://i009.radikal.ru/0909/e6/36e3d1a4eb79.jpg
http://sojuzrus.lt/rarog/publicistika/print:page,1,404-sopostavleniya-vilna-1912-vilnyus-2012.html
http://s018.radikal.ru/i519/1201/35/db167719ed59.jpg
http://www.megabook.ru/MObjects2/data/albums/lit_lerm/iller12.jpg
http://900igr.net/datai/literatura/Borodino-stikhotvorenie/0018-014-Borodino-stikhotvorenie.jpg
http://i052.radikal.ru/1004/b0/cb5cb4e4ebeb.jpg
http://img.tourister.ru/files/2/8/0/2/9/2/8/clones/700_282_fixedwidth.jpg
http://www.museum.ru/1812/Library/Gutina1/pic/pic042.jpg
http://alchevskpravoslavniy.ru/forum/viewtopic.php?f=27&t=393
http://os1.i.ua/3/1/8675992_369c09bf.jpg
http://www.spb-guide.ru/img/7963/50196.jpg
http://stat18.privet.ru/lr/0a18e1a41a4cd4169782889eecf967b3
http://photoawards.ru/system/userphotos/0024/4969/244969_large.jpg
http://doseng.org/uploads/posts/2009-09/thumbs/1252406211_4.jpg
http://www.magput.ru/pics/large/22464.jpg
http://www.persons-info.com/userfiles/image/persons/0-10000/4000-5000/4197/BONDARCHUK_Sergei_Fedorovich_4.jpg
http://img11.nnm.ru/c/6/9/f/a/833c2ad3a094a13ce959709d095.jpg
http://www.russlawa.info/post/93
http://tracer1531.narod.ru/war_peace.jpg
http://kinoru.ru/shop/product/vojna-i-mir-sergej-bondarchuk-1967-g-epicheskaja-drama-dvdrip-avc-restavracija-krupnyj-plan

Содержание

	№ текста	Стр.
Глава 1. Я начинаю жить в России	1–3	4
Глава 2. Петербург — Москва	4–8	12
Глава 3. Наполеон	9–14	28
Глава 4. Кутузов	15–24	42
Глава 5. Старые и новые жители Можайского района Московской области	25–31	67

Глава 6. Иван Андреевич
    А. Памятники Бородинского поля
    Б. Смоленск
	
	32–33
	34–36
		
		88
		95

Глава 7. По деревням	37–39	102

Глава 8. Николай
    А. Наполеон и Александр I
    Б. Подготовка к сражению
    В. Шевардинское укрепление
    Г. Главное сражение
    Д. В Москву!
    Е. Из Москвы!
	
	40–44
	45–47
	48–50
	51–55
	56–58
	59–66
		
		110
		123
		128
		135
		147
		156

Глава 9. «Война и мир» Сергея Бондарчука	67–69	170

Глава 10. Судьба
    А. Катя
    Б. Реконструкция
	
	70–72
	73–77
		
		178
		187

В серии «Библиотека Златоуста» для уровня B1 вышли в свет:

Достоевский Ф.М. БЕЛЫЕ НОЧИ

Пушкин А.С. ПИКОВАЯ ДАМА

Токарева В. ЗАНУДА

Токарева В. КОРРИДА

Акунин Б. АЗАЗЕЛЬ

Акунин Б. ЛЕВИАФАН

Акунин Б. ТУРЕЦКИЙ ГАМБИТ

Чехов А.П. ДАМА С СОБАЧКОЙ

Чехов А.П. ИОНЫЧ

Распутин В. РУДОЛЬФИО

Рубина Д. ШАРФИК

ГЛАВНАЯ ПРЕМИЯ
(академик Ж.И. Алфёров)

НОВАЯ РУССКАЯ МУЖСКАЯ ПРОЗА

Денис Гуцко. РУССКОГОВОРЯЩИЙ

Юдина Г.С. ГЕНИЙ РУССКОЙ ХИРУРГИИ

Достоевский Ф.М. ИДИОТ

Толстой Л.Н. АННА КАРЕНИНА

Березовский С.Б., Рякина О.Р.
ИЗ ВОСПОМИНАНИЙ Ю. ГАГАРИНА

Юдина Г.С.
МОЁ БОРОДИНО

Саша Чёрный.
ДНЕВНИК ФОКСА МИККИ

Драгунский В.
ДЕНИСКИНЫ РАССКАЗЫ

Сайт
издательства